KB155540

밀리언의 법칙

밀리언의
법   칙

끌리는 기획으로
취향을 사로잡는
44가지 방법

우에키 노부타카
송소정 옮김

THE NAN
더 난 콘 텐 츠

일러두기

· 본문에 등장하는 도서명 중 국내 출간 도서일 경우에는 국내판 제목을 사용했고, 미출간 도서의 경우 원어를 병기했습니다.

· 저자, 번역가, 사장 등 출판 관계자분들은 대체로 '선생'이라는 호칭을 사용했고, 선마크 출판사 내 직원분들은 존중의 마음을 담은 의존 명사 '씨'를 사용했습니다.

작은 출판사가 어떻게
8권의 밀리언셀러를 낼 수 있었을까?

목표도 없이 방황하듯 출판업계에서 일한 지 벌써 40여 년째입니다. 그중 26년은 단행본 편집자로서, 17년은 경영자로서 지내왔습니다. 전반 20년은 출판업이 사양산업이라 불리던 때였지만 업계 전체의 매출은 늘어나 1996년에 정점을 찍은 시기였습니다. 후반 약 20년은 쭉 내리막길을 걸으며 최전성기 때보다 매출이 50퍼센트 가까이나 떨어지는 그런 시절을 보내왔습니다.

풋내기 편집자로서 오로지 눈앞의 원고 및 저자와 씨름했던 시기. 뛰어난 저자와의 업무적 교류를 통해 자극을 받아 '현대 학문'의 중요성을 깨달았던 시기. 그리고 뜻하지 않게 사장이 된 이후 직원에게 있어서 '최고의 일과 좋은 인생'이란 무엇일까 하고 계속 생각해왔던 시기. '두 번 다시 그 순간으로는 돌아가고 싶지 않다'고 생각되는 괴롭고 고통스러운 일은 무수히 있었습니다. 이미 지나간 일이기 때문에 솔직히 말하자면 자금을 마련하기 위해 온갖 고생을 하며 은행을 분주하게 돌아다녔던 적도 있습니다.

제가 사내 임원들과 자주 하는 이야기가 있습니다.

'지금껏 늘 매출과 자금 조달 문제, 회사가 안고 있는 눈앞의 과제를 최선을 다해 해결하면서 험난한 산길을 올라왔어. 그리고 지금에 와서 되돌아보면 그 길이라는 것이 양쪽 모두 깊게 깎아지른 절벽의 연속으로, 조금만 발이 미끄러져도 나락으로 곤두박질치게 될 정도로 험난했지. 그러니 무사히 이곳까지 다다를 수 있었던 것은 거의 기적 같은 일이야. 그때 그 낭떠러지가 양옆으로 펼쳐진 길을 또 한 번 걸을 수 있겠냐고 묻는다면 절대 불가능하다고 대답할 수밖에 없어.'

마치 무언가 보이지 않는 힘이 저희를 지켜주었기에 앞으로 나갈 수 있었다고 생각합니다. 그리고 그 무엇보다 행운에 힘입은 점이 크다는 것을 현실적으로 느끼고 있습니다. 앞서 말씀드린 '알고 보면 낭떠러지 같은' 상황에서도 저는 운 좋게 많은 히트작을 출판할 수 있었으니까요. 그리고 업계 전체가 하강추세에 있는 최근 25년 동안에 선마크 출판은 총 여덟 권의 밀리언셀러를 탄생시키는 행운을 누릴 수 있었습니다.

전 직원 50명가량의 작은 회사가 이 같은 성과를 올린다는 것은 전 세계 출판계에서도 그다지 전례가 없는 것 같습니다. 게다가 성공작을 낸 경험이 있는 특정 편집자가 계속해서 성공작을 낸 것도 아닙니다. 저는 1995년에 간행된 하루야마 시게오의 《뇌내혁명》 기획편집을 맡았습니다. 그 책이 410만 부가 팔려 전후 일본의 출판계에서 두 번째(당시)로 빅히트를 쳤고, 속편에 해당하는 《뇌내혁명②》도 134만 부의 밀리언셀러가 되었습니다. 남은 여섯 권의 밀리언셀러 담당 편집자는 5명으로, 임원과 편집장급에서부터 입사 3년차인 여성 편집자에 이르기까지 커리어도 다양합니다. 문고와 신서가 아니라 전부 단행본이며 장르 또한 다방면에 이릅니다.

운 좋게도 밀리언셀러뿐만이 아니라 수십만 부가 팔린 책도 잇달아 나올 수 있었습니다. 현재, 선마크 출판의 편집자는 15명이며 재직연수가 나름대로 긴 덕분도 있지만 근속연수가 짧은 몇 명을 제외하면 전원이 20만 부 이상의 베스트셀러를 만든 경험이 있습니다.

또한 저희 회사는 지금껏 출간된 히트작 판권을 팔아 해외에서도 베스트셀러로 만들기 위해 일찍부터 체계적인 시스템을 만들며 도전해왔습니다. 실제로, 전 세계 35개국과 지역에서 번역 출판되어 300만 부를 간행한 에모토 마사루의 《물은 답을 알고 있다》, 중국에서 400만 부를 돌파한 이나모리 가즈오의 《카르마 경영》, 게다가 미국에서 400만 부를 기록하고 전 세계에서 1,200만 부에 달한 어마어마한 베스트셀러인 곤도 마리에의 《정리의 마법》 등, 지금까지 해외에서 인쇄된 총 부수는 2,500만 부를 넘었습니다.

도대체 어떻게 이런 일이 가능했는지, 선마크 출판이 어떻게 베스트셀러를 만들어내며 인재를 육성하고 있는지, 그 비밀을 밝혀주면 좋겠다는 목소리를 지금껏 여러 곳에서 들어왔습니다. 감사한 일입니다. 또 사실 10년도 훨씬 전부터 사내 편집자로부터 지금까지 회사가 해온 일, 제가 해온 일을 책으로 내야 한다는 제안을 받아왔습니다.

《뇌내혁명》이 상상을 초월할 만큼 많이 팔렸을 때, 저는 편집자로서의 운을 다 썼다고 생각했습니다. 그래서 '이번에는 편집자를 한번 육성해보자'는 생각을 하며 허둥지둥 지내왔고, 문득 돌아보니 어느새 사장이 되어 있었습니다. 지금껏 스스로 당당하게 말할 수 있는 입장이 아니라 생각해 계속 사양을 해왔는데, 출판업계와 콘텐츠 업계, 나아가서는 일본의 제조업, 즉 '상품'을 만드는 세계가 곤경에 빠져 있다는 뉴스가 연일 들려옴에 따라, '어쩌면 내 경험이 뭔가 도움이 되지는 않을까' 하고 생각하게 되었습니다.

새삼 설명할 필요가 있을까 싶지만, 히트작을 간단하게 만들어낼 수 있는 법칙 같은 것은 없습니다. 다만 거기에 근접한 힌트가 있지는 않을지, 베스트셀러를 만들기 위해 개인은 무엇을 해야 하고 회사는 어떻게 해야 하는지, 경영자는 어떤 것을 의식하면 좋은지, 사내에서 어떤 노력을 해나가야만 하는지를 계속 모색해왔습니다. 그리고 운 좋게도 출판이라는 일을 통해 업계를 대표하는 경영자 등 훌륭한 분들로부터 큰 가르침을 받아왔습니다. 이 또한 저희가 히트작을 내는 데 있어 더할 수 없는 귀중한 참고가 되었습니다.

이렇게 저희의 사고방식과 지금껏 해온 일을 엮어 책으로 만드는 데 즈음해, 다시 한 번 어떻게 이야기하는 게 좋은지에 대한 다양한 생각을 했습니다. 그리고 한 가지 마음먹은 것이 있습니다. 그것은 바로 '물건을 만들거나 일을 하는 데 꼭 필요한 사고방식들을 응축할 수는 없을까' 하는 생각이었습니다. 저는 생각하고 있는 것을 글로 표현하는 것을 무척 좋아하는데, 사내 편집자와 영업 담당자 등 출판에 종사하는 사람들이 소중히 여겨주기를 바라는 것들을 격언으로 정리를 해보았습니다.

다만, 말을 일반적으로 나열하는 것이 아니라 기억하기 쉽도록 '카드'로 만들어 보았습니다(한국어판에서는 원문의 독음과 번역된 글자의 독음 불일치로 인해 이 방법을 따르지 않았습니다. 244쪽 참조. - 옮긴이) 사내에서는 '선마크 출판 카드'라고 불리며 때로는 업무 지침이 되기도 합니다. 또한 그 가운데 몇 개는 세미나 등에서도 소개되어 소소한 웃음을 자아낸 적도 있었습니다.

'선마크 출판 카드'는 '이로와우타'(헤이안 중기에 만들어진 일본어 48글자에서 ん를 제외한 47글자의 히라가나를 중복하지 않고 전부 사용하는 7.5조의 글자 연습 노래 - 옮긴이)의 순서로 읽을 수 있도록 만들었습니다. 이 책에서는 각각의 카드를 각 장의 테마에 맞게 배치하여 랜덤으로 읽을 수 있는 형태로 정리했습니다. 그리고 그중에서

도 일부를 바꿔서 최신의 '레이와(슈和, 2019년 5월 1일부터 적용된 일본의 새 연호 -옮긴이)원년 버전' 카드로 만들었습니다(책 마지막에 일람표를 게재했습니다).

　편집자뿐만이 아니라 제조업과 관련된 사람, 또 매일 경영 현장에서 고군분투하고 있는 독자 여러분이 이 책을 읽고 밑줄 한두 곳이라도 그을 수 있다면, 저자로서 그 이상의 즐거움은 없을 것입니다.

우에키 노부타카

제1장 • 한계의식을 제거하는 법

제2장 · 취향을 사로잡는 전략

제3장 · 머리로 하는 일과 몸으로 하는 일

제4장 • 밀리언을 만드는 시스템

제1장

한계의식을
제거하는 법

모든 것은 생각에서 시작된다

강하게 지속된 생각은
높은 확률로 실현된다

지금껏 여러 차례 밀리언셀러 출판에 관여해왔기 때문인지 몰라도 '밀리언셀러와 가장 가까운 편집자는 어떤 사람입니까'라는 질문을 자주 받게 됩니다. 그럴 때마다 제 대답은 무척 간단한데 '누구보다도 강렬하게 밀리언셀러를 내고 싶어하는 편집자'라고 답하곤 합니다.

책이라는 것은 어떤 의미에서 편집자의 상념이 물질화되는 현상이라고 할 수 있습니다. '이런 책이 있으면 좋겠다, 저런 저자의 이같은 테마의 책이 있다면 좋겠다'라고 편집자가 마음속에 상을 그리면 반년 후든 1년 후든 눈앞에 책이 척 하고 만들어져 있습니다. 그야말로 상념이 물질이 되어 나타나는 것입니다. 이

때 상념을 현실화시킬 수 있는 가능성을 최대한으로 높이기 위해서는 반드시 강한 생각을 가져야만 합니다.

이는 꼭 책에 국한된다고 볼 수는 없습니다. 과자와 음료를 빅히트시키고 싶다, 가전제품을 크게 성공시키고 싶다 같은 생각도 마찬가지 아닐까요. 강한 생각이 모든 것을 만드는 것입니다. 그래서 '선마크 출판 카드'에는, '우선은 그렇게 생각하는 것부터'라고 적혀 있습니다. 그리고 이는 전혀 새로운 사실이 아니며, 많은 선배들이 같은 말을 하고 있습니다. 도저히 있을 수 없는 성공을 거둔 분들이 말입니다. 예를 들면, 선마크 출판은 지금까지 교세라의 창업자인 이나모리 가즈오 회장의 저서를 3권 간행했는데, 그중의 한 권인 《바위를 들어올려라》에 나오는 내용 중 '새로운 것을 완수한다'는 부분에서는 이런 이야기가 나옵니다.

"전 세계의 성공한 사람들 대부분이 하는 말은 '마음 먹은 대로 이뤄진다'는 것입니다. 성공 스토리를 읽으면 대부분이 이 말로 귀결이 됩니다. (중략) 즉, 지속적으로 강하게 생각한 것이 실현된다는 것은 보편적인 진리인 것입니다."

그 유명한 이나모리 회장은 '생각한 대로 된다'는 것을 실로 '보편적인 진리'라고까지 단정하고 있습니다. 저 역시 정말 그렇다고 생각합니다. 보다 강하게 생각하는 것. 잠재의식에까지 도달할 정도로 강렬한 소원을 가진다는 것, 색깔까지 완벽하게 생생히 보일 수 있을 정도로 선명하게 그리는 것이 성공으로 이끈다고 이나모리 회장은 말한 것입니다.

마찬가지로 《생명의 암호(生命の暗号)》를 쓴 유전자 공학의 세계적 권위자인 무라카미 카즈오 선생에게 배운 것은 '결심하는 것이 중요하다'는 말이었습니다. 큰 연구가 성공할 것인지 여부는 연구실의 책임자가 진심으로 성공하겠다고 생각하는지에 달려 있다는 것입니다. 저는 이 부분 또한 핵심을 찌르고 있다고 느꼈습니다. 결심, 특히 최정상에 있는 사람이 '얼마나 진심으로 생각하고 있는가' 하는 점은 매우 중요합니다.

언제 회사가 망할지 모르는 긴박한 상황 속에서

⋮

지금이야 많은 히트작의 판권과 전자책 수익 덕분에 감사하게도 직원들에게 보답할 수 있게 되었지만, 제가 창업자로부터 물려받아 사장이 되었던 2002년 7월 무렵은 달랐습니다. 그전까지 편집자로서의 인생을 꾸려갈 때와는 다른 '경영자로서의 고생'을 겪게 되었습니다. 저간의 사정도 잘 모른 채 사장이 되고 나서야 알았는데, 당시 회사는 재무 사정이 매우 좋지 않아서 자기자본 비율이 무려 마이너스였습니다. 그야말로 도산 직전이라 해도 틀리지 않을 상황이었습니다. 중소기업의 경영자 중 자금 조달에 고생하지 않는 사람은 없다는데, 다행인지 불행인지 경영자로서 반드시 거쳐야 할 경험을 즉각적으로 하게 된 것입니다. 덕분에 취임한 다음 해부터 몇 권의 히트작을 낼 수 있게 되었으며, 잘 팔리는 기간도서를 바탕으로 수익을 늘리는 작전을 동시에 밀고 나감으로써 힘들지만 조금씩 역경으로부터 탈출해 나갔습니다.

사장이 되고 나서 한 가지 마음에 정해둔 것은 '경영자는 환경을 핑계 삼아서는 안 된다'는 것이었습니다. 변명을 해야 할 정도라면 다른 업종으로 옮기거나 획기적인 혁신을 일으켜서 다음 단계로 나아가야만 한다고 생각했습니다. 그리고 제가 할 수 있었던 것은 가능성 있는 것에 끊임없이 투자해 나가는 일이었습니다. 반드시 성공할 거라고 생각하는 책에 모든 각오를 하고 실패해도 좋다는 자세로 계속 도전했습니다. 직원의 성장에 과감히 투자했습니다. 해외 판권 판매와 장래성이 있는 전자책에 투자했습니다. '우선은 그렇게 하자고 생각할' 수밖에 없었습니다.

한편 이나모리 회장에게는 이런 것도 배웠습니다. 이른바 '인생과 일에 있어서 결과를 가져오는 방정식'입니다.

'인생과 일의 결과 = 사고방식 × 열의 × 능력'

사실 이 방정식의 맨 처음 순서는 '능력 × 열의 × 사고방식'이었다고 합니다. 이나모리 회장도 처음에는 '능력'이 가장 중요하다고 생각했을지 모릅니다. 그런데 순서가 바뀌어 갔습니다.

열의와 능력은 0에서 100까지이지만 사고방식은 마이너스 100에서 100까지 천차만별로 분포하므로 결과에 미치는 영향이 매우 크기 때문일 것입니다.

실제로 유명 대학을 우수한 성적으로 졸업한 뒤 세상을 바꾸겠다는 열의에 넘쳐 있어도 사고방식이 비정상적이면 뜻밖의 사건을 일으키게 됩니다. 그렇게 되면 인생의 방정식은 곱셈으로 이루어져 있기 때문에 결과가 전부 마이너스가 되고 맙니다. 경우에 따라서는 세간을 떨게 하는 흉악 범죄 같은 일을 저지를 수도 있습니다.

물론 거기까지 가지는 않더라도, 처음부터 '하지 못한다', '할 수 있을 리가 없다', '그런 것은 있을 수 없다'고 생각하면 큰 목표를 달성할 리가 없습니다. 반면에 '할 수 있다', '반드시 할 수 있다', '무슨 일이 있어도 잘 해낸다'라고 생각하는 사람이 있다면 어느 쪽이 큰 결과를 남길 수 있을까요? 무엇보다 중요한 것은 사고방식입니다. 진심으로 '그렇게 하고 싶다', '반드시 그렇게 된다'고 생각해야 하는 것입니다.

간절히 바라는 일을
공개적으로 발표한다

선마크 출판에서는 매해 연초에 발표회를 열고 있습니다. 그때 통상적으로 하는 것이 '굉장한 허풍'을 본인의 목표로 발표하는 것입니다. 허황된 이야기든 상상이든, 뭐든 좋으니 직원 전원이 허풍을 떨면서 '금년은 이렇게 하겠습니다'라는 목표를 모두 앞에서 발표합니다.

저마다 상당한 허풍을 떱니다. 그중에는 너무나 허황된 나머지 본인과 듣고 있는 다른 직원들이 발표 도중에 킥킥대며 웃게 되는 경우도 있습니다. 최근에는 허풍의 정도가 심해도 너무 심하다는 건의사항을 접수해서 '반드시 달성할 목표'도 한 가지 넣도록 하고 있습니다. 허풍만으로는 경영을 할 수 없기 때문입니다. 이렇게 발표를 한 뒤 반년 후와 1년 후에 결과를 보고하는 것 역시 의무화되어 있기 때문에, '진심이 어느 정도인가' 하는 점에서 직원들은 시험에 들게 됩니다. 하지만 이 호언장담 발표회는 직원들에게 매우 큰 효과를 가져오고 있다는 사실을 저는 알고 있습니다. '한계의식'이 부지불식간에 제거되기 때문입니다. 인간은 누구라도 한계의식을 가지고 있습니다. 게다가 자기 멋대로 가지고 있습니다.

노벨상 수상자는 노벨상을 받은 연구실에서 계속해서 배출된다고 합니다. 어떻게 그런 일이 일어나는가 하면, 그다지 풍채도 돋보이지 않으며 늘 함께 서로 농담을 주고받는 동료가 노벨상을 수상하면 '그가 할 수 있다면 나도 얼마든지 받을 수 있어'라고 생각하기 때문이라고 합니다. 그를 통해 한계의식이 벗겨지는 것입니다.

한계의식은 인간뿐만이 아니라 동물에게도 있습니다. 예를 들어 벼룩 중에는 팔딱팔딱하며 1미터 이상의 높이까지 뛰는 벼룩도 있다고 합니다. 그런데, 유리 용기에 벼룩을 넣어 30센티미터 부근에서 뚜껑을 덮으면 뛰어도 뚜껑에 부딪혀서 떨어지고 맙니다. 그리고 잠시 후 뚜껑을 벗기면 벼룩은 1미터 이상 뛸 수 있었음도 불구하고 30센티미터 부근 밖으로는 뛸 수 없게 된다는 것입니다.

큰 동물인 코끼리도 태어난 지 얼마 되지 않을 무렵에 체인으로 말뚝에 묶어 놓으면, 아직 힘이 없으니까 자신의 힘으로는 말뚝을 빼내지 못합니다. 빼내지 못한다고 생각하기 때문에 성장한 뒤 몸이 커져 충분히 말뚝을 뺄낼 수 있는 힘이 생겨도 빼내려고 하지 않게 된다고 합니다. 코끼리도 코끼리 나름의 한계의식을 가지고 마는 것입니다.

이런 말을 들으면 한계의식이 주는 두려움이 어떤 것인지 깨달을 수 있을 것입니다. 그렇기 때문에 호언장담 발표회를 여는 것입니다. '올해에는 밀리언셀러를 내겠습니다', '20만 부 이상 팔리는 책을 2권 만들겠습니다', '5만 부 이상 팔리는 책을 3권 내겠습니다'……. 전 직원이 이렇게 허풍을 칩니다. 그러면서 한계의식이 제거되기 시작합니다.

밀리언셀러를 내겠다는 선언을
실현시키고 만 편집자

이 이야기를 다른 출판업계 종사자에게 말하면 "우에키 사장님 7,000부, 8,000부를 간신히 내는 시대에 5만 부, 20만 부 같은 밀리언셀러라니 있을 수 없는 일 아닌가요?"라고 하는 분들이 많습니다. 이런 생각이야말로 한계의식 그 자체입니다. 생각해보면 '밀리언셀러를 만드는 것은 무리다'라고 누가 정한 것도 아닙니다. 정말로 7,000부, 8,000부가 우리가 할 수 있는 최선일까요.

밀리언셀러가 된 신야 히로미의 《병 안 걸리고 사는 법》 담당 편집자로, 현재는 독립해서 경영자가 된 다카하시 도모히로 전 상무는 그렇게 생각하지 않았습니다. '금년에는 밀리언셀러를 노리겠습니다'라고 2005년 연초에 발표를 하고 다음 해에는 멋지게 밀리언셀러 달성에 성공한 것입니다. 여기서 한 가지 놀랄 만한 점은 과거에 그의 출판기획서를 보았을 때 '100만 부 돌파 후보 기획'이라고 첫머리에 쓰여 있었다는 점입니다. 지금도 잊혀지지 않지만 경영자 입장에서 나쁘다는 생각은 들지 않았습니다. 그러나 느닷없이 100만 부를 달성하겠다니 저 또한 솔직히 당황했던 기억이 있습니다. 그런데 그 목표가 떡하니 실현되었다는 점에 놀라울 따름입니다.

물론 그전에 신야 선생에게 수십만 부의 스테디셀러이자 명저인《위장은 말한다(胃腸は語る)》가 있었다는 사실도 간과할 수 없습니다. 디자인은 물론 책의 구성과 차례도 '독자가 알고 싶어 하는 것'에 포커스를 맞추어 편집되었습니다. 또한 책이 팔리기 시작하면서부터 10만 부가 되었을 때 소프트뱅크의 손정의 회장과 저자의 전면 대담 광고를 〈니혼게이자이〉 신문 지상에 신고, 50만 부 때에는 프로야구단 야쿠르트의 고(故) 노무라 가쓰야 전 감독과의 대담을 〈요미우리〉 신문 지상 광고에 실었습니다. 그처럼 프로모션에 열정을 기울여서 책을 만들었던 것도 이번에 밀리언셀러가 탄생할 수 있었는 기반이 되었습니다.

한 권의 책이 밀리언셀러가 될 가능성은 '만에 하나'의 확률보다도 낮은데, 어느 날 그가 말하기를 1년간을 계속해서 밀리언셀러가 되기를 간절히 바라고 있었다고 합니다. 더욱 놀라운 것은 '올해는 두 번째 밀리언셀러를 내겠습니다'라고 허풍을 떨었던 해가 또 있었다는 사실입니다. 그 말 역시 실현되었습니다. 그해 2010년 연말에 그가 담당 편집자가 되어 출판한 책이 일본에서 밀리언셀러가 되었을 뿐만이 아니라 세계적인 초 베스트셀러가 된 것입니다. 그 책은 바로 《정리의 마법》이었습니다. 믿을 수 없는 일이 일어난 것인데, 한계의식을 제거한다는 것이 가진 위력을 충분히 이해하셨으리라 생각합니다.

호언장담 발표회 이야기를 오카다 다케시 전 축구 일본 대표팀 감독에게 말한 적이 있습니다. 그러자 "우에키 사장님, 그건 맞는 이야기예요"라고 했습니다. 오카다 감독은 어린이를 대상으로 축구를 자주 지도했는데 아이들에게 "네 꿈을 말해봐"라고 해도 모두가 입을 다문다고 합니다. 그런데 "다 같이 허풍을 떨어봐"라고 말하면 차례차례로 허풍을 떨며 꿈 이야기를 시작한다는 것입니다.

오카다 감독도 말했듯이 호언장담 발표회는 나름의 효능이 있는 것 같습니다. 다만, 저희 회사의 경우 한 가지 특수한 이점이 있다면 사장을 하고 있는 저같이 별 볼 일 없는 사람이 410만 부의 밀리언셀러인 《뇌내혁명》을 만든 적이 있다는 사실일 겁니다. 그러니까 분명 '밀리언셀러 정도는 우리도 만들 수 있어'라고 직원 모두가 생각하고 있을 것입니다. 저렇게 시시한 사장도 만들었는데 우리가 만들지 못할 리가 없다고 말이죠. 그 같은 의미에서 본다면 제 자신의 존재 자체가 회사의 한계의식을 제거하고 있다고 말할 수도 있겠습니다.

어떤 과대망상을 해도 아무도 손해 보지 않는다

학창시절에 마주했던 영어 단어 하나가 왠지 너무나도 마음에 남았는데, 나중에는 아주 좋아하게 된 단어가 있습니다. 그것은 바로 'Megalomaniac'으로, 번역하면 '과대망상가'입니다. 제가 과대망상적 발상을 하는 것을 실제로 좋아하기도 하고 '이왕이면 생각을 크게 하자'는 습관이 있기도 합니다.

과대망상의 재미있는 부분은 망상이 실현되지 않아도 누구도 손해를 보지 않는다는 점입니다. 만약 실현된다면 더할 나위 없이 기쁘겠지요. 그렇다면 자신이 좋을 대로 망상하는 편이 '좋은 것'입니다. 제4장에서 말하게 될 '전 세계 2,000만 명이 읽는 책을 만들자'라는 생각도 마찬가지인데, 만약 실현이 된다면 경사스러운 일입니다. 하지만 그렇게 되지 않더라도 이미지를 떠올리는 것만으로도 즐거워집니다.

소프트뱅크의 손정의 회장에게도 유명한 일화가 있습니다. 창업 당시 후쿠오카의 작은 빌딩에서 귤 상자 위에 올라가 겨우 두 명밖에 없는 아르바이트생들에게 이렇게 말했다고 합니다.

"두부 장수의 기개로 일을 하자! 두부를 한 모(한 모의 발음이 일본어로 잇쵸 –옮긴이), 두 모(두 모의 발음이 일본어로 니쵸 –옮긴이)라고 세는 것과 마찬가지로 1조(발음이 두부의 한 모와 같다 –옮긴이), 2조(발음이 두부의 두 모와 같다 –옮긴이)를 셀 수 있는 규모의 회사를 만들겠다."

그 후 다들 알다시피 회사는 손 회장이 말한 대로 성장하게 되었습니다.

뭔가를 계속 쌓아 올려가는 것이 아니라 백지상태에서 시작할 때에는, 어딘가에서 과대망상적 상념을 계속해서 품고 그것을 반드시 구체적인 형태로 만들겠다는 생각을 가져야 합니다. 그것이 중요합니다. 그렇게 생각을 하고 있으면 행동도 당연히 바뀝니다. 관련된 모든 것이 신경 쓰입니다. 해야만 하는 일을 하게 됩니다. 끝까지 해내자고 생각하게 됩니다. 이렇게 생각은 행동을 바꾸어가는 것입니다.

한 가지 무척 흥미 깊었던 체험을 한 적이 있습니다. 《뇌내혁명》이 간행된 지 3년 후인 1998년에 밀리언셀러가 되었던 것이 리처드 칼슨의 《사소한 것에 목숨을 걸지 마라》였습니다. 당시 출간 후 10일 정도 되었을 때 카페에서 우두커니 앉아 있으며 문득 머리에 떠오른 생각이 있었습니다.

'이 책은 다음 달에는 이 매체를 통해 이렇게 광고를 해서 몇만 부의 증쇄를 찍자. 다다음 달에는 이런 걸 해서 몇만 부를 만들고, 몇 개월 후에는 이런 식으로 전개를 해서……'

비즈니스 다이어리에 월별 예상 부수를 순서대로 써넣었는데, 차례차례 쓰고 보니 12월 항목에 그만 '100만 부'라고 써버린 것입니다. 과대망상이 지나쳐서 이제는 광적이라고도 할 수 있는 상념에 사로잡혔습니다. 이 같은 '체험'은 처음이었기 때문에 스스로도 왠지 기분이 으스스해져 '6월 17일 노부타카'라고 사인까지 해 두었습니다. 놀랄 만한 일이 일어난 것은 그 후입니다. 반년 사이에 거기에 써진 숫자가 현실에 거의 그대로 고스란히 옮겨져 12월에는 마침내 100만 부가 된 것입니다. 기적적인 일이었습니다. 이 기묘한 체험은 지금도 잊을 수 없습니다.

물론 위의 일화는 있을 수 없는 일이 일어났던 예입니다. 이 같은 일이 몇 번이고 일어난다면 경영자는 고생을 하지 않겠지요. 과대망상을 품어도 아무도 손해를 보지 않는다고 큰소리를 쳤지만, 솔직히 말하면 직원과 회사에 큰 손해를 끼치는 일도 적지 않습니다. 그도 그럴 것이 '이 책은 성공할 거야'라며 지나치게 과신해서 증쇄를 찍어 버려 공급 과잉으로 결국 대량 반품을 당한 적도 한두 번이 아니기 때문입니다. 또한 특정 기획에 너무 주력해서 개발비가 폭등한 나머지 연간 목표를 달성하지 못하고 끝나는 등, 실은 큰 피해로 이어져서 직원들을 애먹인 흑역사도 있다는 사실을 여기서 고백합니다. 직원 여러분께도 이 자리를 빌어 사과를 드립니다. 따라서, 독자 여러분이 이 항목의 내용을 그대로 실천한다면 주의를 기울여 주시기를 신신당부 드립니다.

다음 빅히트작은
요상한 것들 중에서 나온다

생명의 진화에 대해 공부를 해보면, 처음에는 사람들이 '요상한 것'이라고 생각하던 생물을 많이 만날 수 있습니다. 예를 들면 기린입니다. 지금은 동물원에 가면 볼 수 있고 사람들은 보통 기린이라는 동물에 대해 잘 알고 있지만, 이 동물이 처음 나타났을 때는 어떻게 봐도 요상하다고 느꼈을 것입니다.

자연계에는 환경의 변화 등 다양한 요인과 돌연변이로 인해 새로운 변종이 생겨납니다. 이 이상한 '신종'은 대개는 살아남지 못합니다. 아마 사라져버리고 마는 일이 많을 거라고 생각합니다. 그런데 그 이상한 생명이 견고하게 뿌리를 내려 보통의 생명체로 정착하는 경우가 있습니다. 그중 하나가 바로 기린인 것입니다.

저는 이와 마찬가지인 상황이 콘텐츠 산업에도 존재한다고 생각합니다. 즉, 새로운 히트작은 요상한 것들 중에서 생겨난다는 것입니다. 이는 제가 계속 가져온 신념이며 실제 그와 비슷한 일이 많지 않을까 싶습니다. 요상하기 때문에 전혀 관심을 받지 못해 팔리지 않은 채로 시장에서 모습을 감추어 버리는 일도 적지 않지만, 요상하기에 오히려 주목을 받고 히트를 하는 경우가 있는 것입니다.

원제가 '작은 일에 끙끙대지 마라'인 《사소한 것에 목숨 걸지 마라》 같은 책도 마찬가지입니다. 당시에는 누구도 '작은 일에 끙끙대지 마라' 같은 말을 하는 사람이 없었습니다. 의외로 맹점을 찌른 메시지였던 것입니다. 그래서 미국에서도 원서가 크게 히트를 했습니다. 다만 에이전트로부터 책에 관한 정보가 도착했던 시점은 아직 중반을 친 정도였습니다. 그런데 이 책의 가능성을 알아차린 사람이 있었습니다. 그는 바로 이 책의 담당 편집자로 지금은 프리랜서로 활약하고 있는 아오키 유미코 씨였습니다. 그녀는 전해에 닐 도널드 월쉬의 《신과 나눈 이야기》를 번역 출판해 히트를 시켜 저희 회사의 번역서 장르를 개척했습니다.

계약을 맺기까지 미국에서의 판매량이 점점 늘어나 마지막에는 국내 대형 출판사와 서로 경쟁을 하게 되었는데, 저희는 요약판을 읽고 '이 책은 성공할 수 있다'고 생각했기 때문에 과감한 선불금을 제시하고 정식으로 저작권(rights)을 획득할 수 있었습니다. 그리하여 번역서가 간행된 시점에는 미국에서 무려 500만 부라는 초밀리언셀러로 성장해 있었습니다. 이 책이 다른 책과는 달리 다소 요상했기 때문에 이루게 된 쾌거입니다. 그리고 그것은 일본에서도 마찬가지였습니다.

'두 다리를 벌릴 수 있다'고 쓴 책이
어째서 밀리언셀러가 되었는가

2016년에 밀리언셀러가 된 에이코의 《다리 일자 벌리기》 역시 요상한 책이라 할 수 있겠지요. 담당 편집자는 상무인 구로카와 세이치 씨입니다. 양다리를 벌릴 수 있게 된다는 내용만 있는 이 책이 어째서 지금까지 잘 팔리고 있는 것일까요?

원래 이 기획은 구로카와 씨 자신의 몸이 유연하지 못하고 굳어서 어릴 때부터 양다리를 벌릴 수 있는 사람을 동경해왔다는 데서부터 시작되었습니다. 어느 날 인터넷 뉴스를 통해 저자를 알게 된 구로카와 씨는 저자의 유튜브 동영상 조회수가 370만 뷰나 된다는 것을 알게 되어 이 같은 기획을 제안한 것입니다. 구로카와 씨가 생각한 요상한 기획의 범주에 속하는 책은 당시만 해도 물론 없었습니다. 잠재적인 독자 수요가 있는지 여부도 확실하지 않았습니다. 다만, 구로카와 씨가 동영상을 보고 직접 동작을 취해보았을 뿐입니다.

그때까지만 해도 전 직장에서 《의사에게 살해당하지 않는 47가지 방법》, 《건강하게 오래 살려면 종아리를 주물러라》라는 2권의 밀리언셀러를 냈던 그가 책을 만드는 과정은 '요상함'의 극치였습니다.

우선 '실기편'인 사진과 일러스트의 해설 부분 이외의 본문은 놀랍게도 소설로 꾸며져 있습니다. 실용서인데 내용이 자기계발적인 소설로 이루어져 있다는 사실은 '요상한 것'을 지나쳐 '전대미문'이라고 할 정도였습니다. 게다가 일부러 의도한 듯한 긴 타이틀, 그렇기에 더더욱 키워드를 확실히 보여주는 표지 디자인, 비즈니스맨조차 사고 싶어지는 분위기……. 이런 요인들로 인해 담당 편집자인 그도 놀랄 정도의 판매 속도가 나타난 것입니다.

요상한 책이지만 이는 잠재적인 수요가 있었다고밖에 생각할 수 없습니다. '이 책을 읽으면 건강해진다' 같은 내용이 쓰여 있는 것도 아닙니다. 다만 '두 다리를 벌릴 수 있게 된다'뿐입니다. 그러나 저자가 전면에서 다리를 딱 벌리고 있는 모습을 보니 자신도 해보고 싶어졌다는 독자가 많았습니다.

초판은 8,000부였지만 맹렬한 판매 움직임을 보이고 있어서 이는 '천재일우의 기회가 아닐까'라며 저의 승부사 정신에도 스위치가 켜졌습니다. 실제로 서점에 진열해 놓은 것만으로도 계속 팔린다고 할 정도로 에너지의 양이 큰 책이었습니다. 거기에다 과감한 광고 공세를 펼쳤기 때문에 폭발적인 반향을 낳았습니다. 5월에 발행을 했는데 8월에는 50만 부를 돌파했습니다. 연말에는 TBS의 인기 드라마 〈나카이 마사히로의 금요일의 미소들〉에도 등장해서 연내에만 100만 부를 달성했습니다.

요상한 것이라는 평가가 칭찬으로는 들리지 않을 수도 있습니다. 그러나 지금까지 없었던 것이 존재하게 되면서 가지게 되는 위대함이라는 것은, 이 정도로 강렬한 말을 사용하지 않으면 표현할 수 없습니다.

킬러 콘텐츠는 이미 마음속에 있다

**마음속 깊은 곳에서
꺼내고 싶은 것**

제품 만드는 일에 종사하는 사람 모두는 성공작을 내려는 마음에 각 분야에서 분투하고 있습니다. '잠재력이 있는 시장과 아이템은 어떤 것인가', '타깃은 누가 될 것인가'와 같은 생각들을 필사적으로 하고 있을 것입니다. 하지만 그보다 중요한 것이 있습니다. 그것은 바로 자신이 마음속 깊은 곳에서 꺼내고 싶은 것을 만드는 일입니다. 실은 그것이야말로 사람의 마음에 강렬한 감동을 주는 킬러 콘텐츠(killer contents)가 될 수 있다고 생각합니다.

제가 처음 기획했던 책은 전 직장인 초분사에서 발행되고 히로세 젠준이 편집한《한 송이 사랑을 주세요(一輪の愛を〈ださい)》

였습니다. 저는 교토에서 태어나 대학생이 될 때까지 교토에서 살았습니다. 그래서 사가노(嵯峨野)에 '지키시안(直指庵)'이라는 인기 있는 절이 있다는 사실을 알고 있었습니다. 태어나지 못한 아이를 위해 공양을 하는 것으로 유명한 아다시노(化野)의 넨부츠지(念仏寺)가 가까이 있기도 해서 많은 젊은 여성이 지키시안 암자 주인에게 상담을 하러 찾아옵니다.

그리고 누가 시작했는지는 모르지만, 상담을 위해 찾아온 젊은이들이 절에 놓인 '추억초(思い出草)'라고 하는 노트에 자신의 생각을 적게 되었습니다. 거기에는 사랑에 대한 고민과 진로에 대한 방황, 장래에 대한 꿈과 불안 등 마음에 품었던 모든 것이 쓰여 있었습니다. 저는 그것을 읽을 기회가 있었는데 사춘기 특유의 다양한 마음들이 가득 차 있어 정말로 감동을 받았습니다.

그러다 문득 '이 기록들을 정리해서 한 권의 책으로 만든다면 어떨까' 하는 생각을 했습니다. 분명 많은 사람의 공감을 부르는 책이 될 것이 틀림없다고 생각하면서 말이죠. 하지만 '추억초' 노트는 골판지 상자에 가득히 담겨 수백 권 정도나 되었습니다. 당시 막 입사했던 저는 회사에서 지시받은 일을 하느라 더없이 바쁘게 지냈습니다. 제 기획안을 추진할 시간이 도저히 없었습니다.

그래서 편집부 입사가 내정되어 있던 우수한 학생에게 방대한 노트에서 내용을 선정하는 작업을 대신하게 하자고 생각했습니다. '바로 이거다' 싶은 시에는 메모지를 붙여주면 좋겠다고 전했습니다. 그리고 학생에게서 일이 끝났다는 보고를 받고 메모지를 붙인 부분을 보았을 때입니다. 분명히 붙여 놓은 메모지 숫자만 보면 책 한 권 분량을 충족하고 있었습니다. 다만 중요한 내용 면에서 제가 생각했던 이미지와 전혀 달랐습니다. 좀 더 좋은 기록이 있었을 것 같았습니다.

그는 나름의 기준으로 골라준 것일지도 모르겠지만, 맨 처음에 '이 수백 권의 노트를 응축해서 한 권으로 정리하자'고 생각했던 저와는 역시 일에 임하는 진지함이 전혀 달랐습니다. 편집자가 100명 있으면 100권의 책이 만들어진다는 점을 알게 된 것이 이때입니다. 또한 글을 모아서 엮어낸다고 하는 편집의 진정한 의미를 안 것도 이때입니다. 그리고 무엇보다 강렬하게 느꼈던 것은 '바로 이거야'라고 생각을 했던 본인이 책 만들기를 끝까지 하는 것이야말로 만드는 사람에게는 가장 중요하다는 사실이었습니다. 남에게 맡겨서는 안 되는 일이었던 것입니다.

저는 모든 메모지를 떼고 처음부터 다시 선정 작업을 진행했습니다. 바쁜 가운데 몰입했습니다. 기록들은 대부분은 이렇다 할 내용 없는 평범한 글이었지만 그 안에 반짝 하고 빛나는 것이 있었습니다. 그것을 찾아내고 고르는 작업이 순수하게 즐거웠습니다. 수학여행으로 지키시안에 와서 사가노의 자연에 자극을 받아 일상에 대해 반성하는 내용을 기록한 중학생이 있는가 하면, 연인의 아이를 임신하고 중절한 직후의 절규를 글로 써 내려간 고등학생이 있었습니다. 수백 권의 노트에 다양한 인생의 단면이 응축되어 있던 것입니다. 그리고 이를 많은 사람들이 읽어주면 좋겠다고 마음속에서 생각했습니다. 책이 팔릴까 하는 생각보다도 '베스트셀렉션으로 만드는 것'을 목표로 삼았는지도 모릅니다.

당시의 사장이 근사한 타이틀을 지어주고 광고에 힘을 쏟아준 노력도 더해져 책은 10만 부가 넘는 베스트셀러가 되었습니다. 그 후 속편, 속편의 속편, 게다가 신편, 신편의 신편 하는 식으로 제가 퇴사한 이후까지 계속 시리즈로 간행되었다는 이야기를 들었습니다. '자신이 재미있다고 생각한 것을 만들어야만 한다', '어차피 만들어야 한다면 최고의 책으로 만들어야만 한다'고 사무치게 느꼈던 일이었습니다.

콘텐츠의 성장 단계에
어울리는 수단으로

무엇보다 중요한 것은 무언가를 세상에 내보내고 싶어하는 마음속 감정입니다. 아직 독자가 모르는 새로운 가치를 만들어내려고 하는 것. 놀라움이라도 좋고 격려라도 좋은, 치유도 좋고 감동이라도 좋은, 새로운 무엇인가가 있는 것. 이것이 바로 킬러 콘텐츠입니다.

사실 선마크 출판사는 책을 처음으로 쓰는 저자가 빅히트작을 내는 일이 많은 곳입니다. 그 이유는 새로운 저자가 킬러 콘텐츠를 만들어낼 수 있는 능력이 있기 때문입니다. 물론 그는 그때까지 글을 쓴 적이 없는 사람, 책을 낸 적이 없는 사람입니다. 새로운 저자에게는 결과가 어떻게 될지 모르는 리스크가 있습니다. 경영하는 입장에서는 두려움도 있습니다. 하지만 그것을 이해하고 나서 새로운 저자의 에너지에 각오를 내겁니다. 그 편이 독자의 관심을 끌어낼 수 있다고 생각합니다.

그리고 그 같은 사고방식으로 만들었기에 '넓게, 오래 읽힌다'는 키워드가 더더욱 중요해집니다. 도시뿐만이 아니라 전국 방방곡곡에서 선택할 수 있는 책을 만듭니다. 한정된 세대만이 아닌 모든 사람들이 읽는 책으로 만듭니다.

예를 들면 저도 반복해서 읽고 있는 피터 드러커의 책은, 원서가 반세기나 그 이전에 쓰인 것이지만 내용은 전혀 낡지 않았습니다. 지긋한 나이의 경영자는 물론 중고등학생에게까지도 감동을 주거나 도움이 되는 내용입니다. 왜냐하면 그 책은 사람과 사회에 대해 본질적인 파악을 하고 있기 때문입니다. 물론 그 정도 수준까지의 콘텐츠는 그렇게 쉽게 만들 수 없지만, 적어도 목표로 삼고는 싶습니다.

킬러 콘텐츠를 착실히 만들어서 보급을 확실하게 시킨다면 결과를 낼 수 있습니다. 우선은 에너지를 담아 전력투구하여 책을 만듭니다. 그리고 일단 시장에 내놓으면 이번에는 판매에 전력을 기울입니다. 책을 팔기 위해서는 책의 존재를 알리기 위한 노력을 해야만 합니다. 그러나 프로모션에만 힘을 쏟는다고 결과가 나오는 것은 아닙니다. 아무리 광고를 한들 움직이지 않는 책은 온갖 수를 써도 끄떡도 하지 않습니다. 이것이 현실입니다.

그러다 보면 운 좋게 독자의 지지를 얻는 책이 나옵니다. 그것은 다양한 전조로 나타나며 파악을 잘해야 합니다. 그리고 독자의 지지를 민감하게 해석해서 소중하게 키워가야 하는 것입니다. 책에 따라서는 시리즈로 조금씩 부수를 늘려가거나, TV 등에서 화제가 되어 단기적으로 한 번에 크게 부수가 늘어나는 경우 등 다양합니다. 책을 '생명체'로 파악하여 각 성장 단계에 어울리는 수단을 강구할 필요가 있습니다.

그리고 승부처가 보이면 리스크를 감수하고 공세를 취합니다. 바로 지금이다 싶은 타이밍에 한 번에 프로모션을 해가는 것입니다. 새로운 시도도 해봐야 합니다. 전철의 승강문 옆의 공간에 있는 테두리에 책 광고를 게재하는 것은 20년도 전부터 저희가 시작을 했습니다. 물론 비용은 그 나름으로 들지만 다른 광고로는 구매욕이 생기지 않는 층이 있다고 생각했기 때문입니다.

실제로 책의 성장 정도와 타이밍이 일치하면 놀랄 정도의 파도를 일으키는 경우가 있는 반면에, 기대에 어긋난 채 끝나는 경우도 적지 않습니다. '생명체'를 다루는 것은 어려운 일입니다. 지금은 이 전철 광고에 많은 동종 회사가 참여를 하고 있어서 과다 경쟁을 하는 경향이 있지만 나쁘지는 않다는 생각을 합니다.

광고에도 놀라움이라는 요소가 있어야만 한다고 생각해왔는데, 이것은 전철에서 광고를 시작했던 이유이기도 합니다. 이전에 《뇌내혁명》을 출간했을 때 썼던 광고는 사람들을 무척 놀라게 했습니다. 신문의 라디오, 텔레비전 편성표란 오른쪽 상단과 왼쪽 하단에 '문패'라 불리는 공간이 있는데, 거기에 《뇌내혁명》 광고를 크게 낸 적이 있습니다. 지금보다도 신문을 훨씬 많이 읽던 시대라 이 광고가 큰 반향을 가져왔습니다.

그렇게 밀리언셀러를 달성한 직후에 어떤 독자층에게 구매 의욕을 자극해야 하는가를 생각했습니다. 결론은 책을 읽지 않는 층에게 구매 의욕이 생기게 해야 한다는 것이었습니다. 이때 책을 읽지 않는 층은 TV를 시청하는 사람들이라고 생각하여 그 공간을 노렸던 것입니다. 물론 주목도가 높은 공간이었기 때문에 광고비도 터무니없이 높았습니다. '문패' 자리에 단행본 광고를 낸 것은 업계에서도 저희가 처음이었다고 생각합니다. 석간이 나오지 않는 일요일에 '문패'의 위아래 부분을 사용하겠다고 제안을 했기 때문에 이 광고가 실리게 된 것은 3개월 정도 후였습니다.

결과는 전에 없을 정도의 큰 반향을 불러 도쿄 내의 어떤 대형 서점에서는 2일 정도 만에 수백 권의 재고가 팔려 '광고는 이제

됐으니 책을 보내 달라'는 요청을 해오기도 했습니다. 실제로 이를 계기로 수십만 부를 추가로 인쇄하게 되었습니다.

광고 내용에 대해서도 다양한 시도를 해보았습니다. 애독자 카드에 책의 감상을 적어서 보낸 '독자의 목소리'를 전철 승강문 옆의 광고에 그대로 게재한 것도 저희다운 전략이었다고 생각합니다. 만드는 사람이 '이 책은 좋아요'라고 말하는 것보다도 훨씬 설득력 있는 감상을 독자로부터 받을 수 있습니다. '소설보다 더 기이하고 재미있다'는 말뿐만 아니라 정말로 상상도 하지 않았던 관점과 각도에서 쓴 감상문이 쏟아졌습니다. 그 같은 독자의 목소리는 많은 이들에게 영향을 미칩니다.

그리고 또 한 가지 중요한 사실이 있습니다. 광고를 하더라도 서점과 온라인 서점에 책이 없으면 의미가 없습니다. 또한 주문을 해도 책을 받을 때까지 2주가 걸린다고 한다면 이는 독자의 불만으로 이어질지도 모릅니다. 중요한 것은 처음부터 끝까지 빠짐없이 신속하게 독자에게 책을 보내는 일입니다. 저희도 때로는 직접 서점에 납품을 하거나 회사의 재고를 택배로 보내는 경우가 있습니다. 다소 비용이 들거나 이익을 적게 내더라도 재빨리 책을 보내서 독자를 즐겁게 하는 것을 우선시하고 있기 때문입니다.

2019년 7월 말부터 8월에 이르기까지, 동일본여객철도가 내걸었던 광고는 수도권 전 노선의 문 옆 부분에 포스터를 게재하는 상품이었습니다. 과감한 시도였습니다. 수도권의 동일본 모든 노선의 연결부와 문 옆 등 한 차량의 20면이 1주일간, 모두 저희 출판사에서 나온 6권의 책 광고로 다 채워졌던 것입니다. 이는 출판업계 최초였습니다. 물론 많은 비용이 들어서 무척 놀라기도 했습니다. 그리고 다행히도 큰 광고 효과를 얻을 수 있었습니다.

보통 이같은 대규모 시도는 광고 대행사와 매체 제작사, 서점과 유통회사는 물론 용지회사와 인쇄·제본회사에 이르기까지 출판사가 도움을 받고 있는 다양한 거래처도 틀림없이 기꺼이 받아들입니다. 극단적인 이야기로 만약 저희 회사의 수입과 지출이 엇비슷했다고 해도 그건 그대로 괜찮다고 생각할 수도 있는 것입니다. 자기만족이라고 할 사람도 있겠지만 세상의 원활한 '순환'을 위해서 공헌했다는 사고방식이 성립될 수도 있습니다.

이 같은 프로모션을 추진할 때에도 중요한 것은 역시 한계의식을 제거하는 일이라고 생각합니다. 단순한 비용 계산이 모든 것에 우선한다는 선입관을 버리는 것입니다. 하겠다고 생각하면 지금까지 없었던 것을 할 수 있습니다. 다양한 도전을 할 수 있을 것입니다.

재미없는 재탕은 하지 않는다

버드나무 아래에
꼬이는 미꾸라지

⋮

'선마크 출판 카드' 안에서도 중요시하고 있는 것 중 하나가 '버드나무 아래에 금붕어를 풀어놓아라(일본의 속담인 '버드나무 밑에서 한 번 미꾸라지를 잡았다고 해서 늘 거기 있지는 않다. 어쩌다가 행운을 얻었다고 해서 언제나 같은 방법으로 그것을 얻을 수는 없다'는 것을 비유한 표현 -옮긴이)'라는 말입니다.

출판업계에서는 그야말로 '버드나무 아래에 미꾸라지가 6~7마리가 숨어 있다'는 말이 있습니다. 그렇기 때문에 한번 베스트셀러가 나오면 계속해서 비슷한 기획의 책이 나옵니다. 아니면 같은 저자의 책이 잇달아 나옵니다. 저희는 그런 일은 하지 않습니다. 중요한 것은 새로운 가치를 만들어내는 일이라고 생각하기 때문입니다. 만일 재탕을 해서 돈을 벌었다고 해도, 콘텐츠를 만드는 사람으로서 단순하게 '그런 일을 하는 것이 정말로 재미있을까' 하고 생각하기 때문입니다.

풀어놓아야 하는 것은 미꾸라지가 아니라 금붕어입니다. 그것도 색이 선명하고 본적도 없는 무늬로 사람들을 불러모으는 금붕어. 지금까지 없었던 것, 사람들을 깜짝 놀라게 하는 것, 이런 것을 원했다며 사람들이 기뻐하는 것……. 그런 의미에서, 모방을 하는 것이 아니라 남이 모방을 하려고 하는 것을 만드는 일을 목표로 삼아야 한다고 말해왔습니다.

저는 이제 기획회의에 참석하지 않고 있지만 예전에는 기획에 '놀라움이 있는가 없는가'를 중요하게 여겼습니다. '반 걸음 앞을 비춘다', '너무 빠르지도 않고 너무 늦지도 않고' 같은 말도 키워드로 삼았습니다. 그래서 여간한 기획은 회의에 가지고 갈 수 없다는 분위기가 있었던 모양입니다. 하물며 어딘가에서 나온 히트작을 재탕한 것 같은 기획은 당치도 않다고 말이죠. 지금도 그런 분위기는 바뀌지 않고 있는 것 같습니다.

백지상태에서 물건을 만드는 사람은 처음부터 큰 구상을 가지고 기획하기를 바랍니다. 그리고 스스로 즐기면서 만들면 좋겠습니다. 만드는 사람이 즐기며 만드는지 여부가 독자에게도 전해질 것입니다.

또한 '저자를 쉽게 소비하지 않는다'는 것도 지금껏 고수해온 철학입니다. 한 권이라도 히트작이 나오면 그 저자에게는 집필

주문이 쇄도하는 것이 출판업계입니다. 저자에게 악의가 없었다고 해도, 깨닫고 보면 비슷한 책만을 출판하게 되기도 합니다. 그러면 저자 자신도 소비가 되고 독자들도 질려버려 마지막에는 시장의 관심이 끊어지는 일이 생길지도 모릅니다. 실제로, 그 같은 일이 몇 번이고 일어나고 있습니다.

설령 히트작이 나와서 그것을 크게 키우는 데 전력을 다해서 속편을 만든다면 그 기간은 가능하면 최대한 길게 잡기를 바랍니다. 그렇게 하는 것이 저자가 과도하게 소비되는 것을 막는 수단이 되기도 한다고 생각합니다. 시류와 적기를 잘 지켜보고 대책을 강구하는 것이 경영인데, 정말로 좋은 책이란 '독자가 기다려주는 책'이라고도 할 수 있습니다. 지나치게 전략적이 되지 않는 것도 중요하다고 생각합니다.

참고로 미국에서는 에이전트가 작가를 대리하고 있기 때문인지 통상적으로 히트작을 낸 후에도 특정 출판사에서 계속해서 작품을 내는 일이 많습니다. 그렇기 때문에 여기저기에서 책을 함부로 많이 내는 상황에 빠지지 않는 측면도 있다고 합니다. 물론 영어권이라고 하는 월등히 큰 독자 기반이 그 배경에 있기 때문에 단순한 비교는 할 수 없지만, 살펴보면 우리 출판업계가 본받을 점도 많을 것입니다.

강점을 극대화해야 압도할 수 있다

난초 사마귀가
먹고사는 법에서 배운다

'버드나무 밑의 미꾸라지를 노리지 않는다'는 말을 한 까닭은 그런 방법으로 아무리 결과를 내도 진정한 의미의 실력이 되지 않기 때문입니다. 스스로의 힘, 달리 말하면 바로 자기의 개성과 장점을 발휘하기를 바랍니다. 중요한 것은 '자신의 강점을 어디까지 신장시킬 수 있는가'입니다. 이는 제가 사회에 나와 새삼스럽게 통감했던 점이었습니다.

저는 국립대학 출신으로 대학 수험을 치를 때에는 5개 과목을 고르게 공부해야 했습니다. 한편 사립대학의 경우에는 2~3개 과목 정도입니다. 그리고 사회에 나와 출판계에서 일을 해보고 느꼈던 것은 물론 인원수의 많고 적음도 있겠지만, 사립대학 출신자 쪽이 한 가지 기예에 뛰어나며 매력적이거나 압도적인 성과를 올리는 사람이 많다는 사실이었습니다. 다양한 것을 균형 있게 할 수 있는 것도 중요하지만, 의외로 큰 매력으로는 이어지지 않습니다. 그보다도 뭔가 하나라도 특출한 능력을 가지는 쪽이 성과로 이어지며, 타인에게는 없는 매력을 낳습니다.

어쩌면 자연계에도 이와 비슷한 일이 일어나고 있을 수도 있습니다. 그 대표적인 예가 곤충의 의태(擬態, 생물의 서로 다른 종이 스스로를 보호하기 위해 유사한 특징을 갖는 것)가 아닐까 생각합니다. 난초 꽃을 꼭 닮게 위장을 한 난초 사마귀는 인간의 눈에도 꽃으로밖에 보이지 않습니다. 그 정교한 자태로 벌레를 유인하여 잡아먹습니다. '난초 꽃과 한없이 닮았다'는 외관의 강점만으로 그야말로 먹고살 수 있는 것입니다. 최근 알게 된 예인데, 코시아카스카시바(Sesia scribai)라는 나방은 말벌과 놀랄 정도로 닮았습니다. 벌과 유사하기 때문에 새에게 잡아 먹히는 일을 막을 수 있다고 합니다. 이것도 '말벌과 한없이 닮았다'는 강점만으로 살아남은 경우라고 할 수 있습니다.

다시 사람에 대한 이야기로 돌아가 보겠습니다. 공부를 예로 들면, 잘하지 못하는 과목이 있다고 해서 그것을 어떻게 해서든 평균점수까지 올려봤자 자신의 강점이 되지는 않으며 그렇게 해서 매력이 늘지도 않습니다. 자연계가 그런 사실을 알려주고 있는 것 같습니다.

평균점에 머무는 발상으로 고만고만하게 팔리는 책을 만들어

돈을 번다 한들 그것이 본질적인 것일까요? 물론 돈을 번다는 것은 중요합니다. 하지만 각각의 강점이 최대화되는 부분에서 승부를 한다면 그것의 100배, 아니 500배의 결과를 낼 수도 있습니다. 이것이야말로 소프트 산업의 특성이며 매력입니다.

물론 간단한 일은 아닙니다. 강점을 너무 밀고 나가면 일이 빗나갈 때도 크게 빗나가게 됩니다. 이는 당연한 일입니다. 그렇기 때문에 저는 책이 팔리지 않았다고 해서 '어째서 결과를 내지 못했는가?'라는 추궁은 기본적으로 하지 않습니다. 왜냐면 제 스스로가 팔리지 않는 책을 많이 만들어왔기 때문입니다. 팔리는 책만을 만들고 있는 것처럼 보이는 것은 팔리는 책이 눈에 띄기 때문입니다. 팔리지 않는 책은 눈에 띄지 않습니다. 그뿐일 따름입니다. 그리고 잘 풀리지 않았던 일을 깊이 생각해도 그다지 의미가 없습니다. 거기에 본질은 없기 때문입니다.

편집증에 가까울 정도로 파고들어간다

사람을 망치는 일은 무척 간단합니다. 얼굴을 대할 때마다 그 사람의 결점을 지적합니다. 그것을 계속 반복하면 사람이라는 존재는 급속도로 제 구실을 못하게 됩니다. 리더가 해야 할 일은 이와는 반대입니다.

'이를 악물어서라도 칭찬을 하시오.'

이는 경영자에 대한 연구로 뛰어난 업적을 남긴 게이오기주쿠대학의 고(故) 시미즈 류에이 명예교수의 말입니다. 단점을 교정시키는 것이 아니라 장점을 강화시켜야 합니다. 약점에 관심을 가지는 것이 아니라 강점으로 승부를 하는 것이 좋습니다. 이는 조직도 마찬가지입니다. 드러커는 이렇게 말했습니다.

"각자의 강점을 충분히 살리고 약점은 조직이 능숙하게 커버하는 것이 가장 중요하다."

실수를 해도 약점에 주목해서는 안 됩니다. 구성원의 강점을 얼마나 최대화시키고 약점에 대해서는 조직이 지원을 할 수 있는지 여부가 중요합니다. 어떻게 해서든지 약점을 중간 수준까지 끌어올린다 한들 놀라운 일은 생겨나지 않으며 그 사람의 매력도 만들지 못합니다. 그래서 저는 생물다양성이 넘치는 사회였으면 한다는 생각을 줄곧 해왔습니다. 돌파력이 강력한 사람을 모아야 합니다. 평균점을 낼 수 있는 사람보다도 강점을 충분하게 가지고 있는 사람을 육성해야 합니다.

다만 재미있는 것은 자신의 강점은 스스로 보이지 않는 경우도 있다는 것입니다. 또한 본인이 자신 있다고 생각을 해도 타인으로부터는 제대로 평가를 받지 못하는 경우도 있습니다. 실은 스스로는 강점이라고 인식하지 않은 부분에 본인의 진정한 장기가 숨어 있기도 하므로 타인에게 평가를 받을 수 있는 일을 하는 편이 좋은 면도 있습니다.

강점을 망치지 않도록 하기 위해서는 본인도 주위도 솔직해져야만 합니다. 그래야 주위 사람은 그 강점을 알아채서 깊이 꿰뚫어 봅니다. 회사와 상사는 서로가 끊임없이 그렇게 의식을 해야 할 필요가 있습니다. 그러면 어떻게 되는가 하면, 점점 좋은 의미에서의 파고들어가는 것입니다. 자신의 강점을 의식해서 거기에 철저하게 집중하게 됩니다. 이 또한 좋은 의미에서 편집광적, 편집중적이 되어 가는 일이라고 할 수 있습니다.

실제로 선마크 출판의 편집자에게는 어딘가 그 같은 면을 가진 사람이 많습니다. 그리고 편집자 본연의 모습은 모두 다릅니다. 철저히 매달려서 책을 만들었는데 실패하는 경우도 있지만, 돌파한 끝에 성공을 시키기도 합니다. 달리 말하면 자기 나름의 편집 철학을 확실하게 가지고 있다는 뜻입니다.

날림으로 하는 일은
바로 들통이 난다

⋮

드러커의 《피터 드러커 플래너》에 아래와 같은 대목이 있습니다.

"기원전 440년경, 그리스의 조각가 페이디아스는 아테네 판테온의 지붕에 서 있는 조각상들을 완성시켰다. 그것들은 오늘날에도 서양 최고의 조각상으로 여겨지고 있다. 그러나 조각상을 완성한 후, 페이디아스가 청구를 하자 아테네의 회계관은 조각상의 뒷면은 필요없다는 이유로 지불을 거절했다. '조각상의 뒷면은 보이지 않는다. 누구에게도 보이지 않는 부분까지 조각을 하고 청구한다는 것은 무슨 짓인가'라고 회계관이 엄포를 놓자 페이디아스는 '그렇지 않다. 신들이 보고 있다'고 대답했다".

저는 이 대목을 매우 좋아합니다. 무엇인가를 만드는 일에 종사하는 사람에게 반드시 필요한 정신이라고 생각합니다.

'신은 세세한 곳에 깃들어 계신다.'

정말로 그렇습니다. 보이지 않는 곳도 신에게는 보이는 것입니다. 뛰어난 성과를 내는 사람들은 반드시 이렇게 하고 있습니다. 일을 할 때 집착이라고 할 만큼 최선을 다하는 것은 보이지 않는 듯하지만 보입니다. 반대로 날림으로 하는 일은 바로 들통이 납니다. 독자도 바로 알 수 있습니다. 그러므로 철저히 파고들면서 임하는 것은 대단히 중요합니다.

예를 들면 저희 회사에는 사진에 지독하게 집착하는 실용서 담당 편집자가 있습니다. 그는 '초교, 재교' 하는 식으로 심하게 교정을 한 끝에, 마지막 단계가 되자 '도저히 만족하지 못하겠다'며 사진을 바꿔버리고 말았습니다. 지나치게 교정을 해서 수정 비용이 들어 어쩔 수 없지만, 마지막에는 정말 근사한 책으로 완성이 되곤 합니다. 그리고 서점의 직원 중에는 그의 팬들도 많고 독자에게서도 높게 평가를 받습니다. 편집자가 철저히 파고들어서 해내는 일이란 바로 이런 것이라고 생각합니다.

한편 정신적 세계에 정통해서 일부 직원에게 '여왕님'이라 불리는 편집자도 있습니다. 그 밖에도 문장에 끝까지 집착하는 편집자도 있고, 목차에 이상할 정도로 매달리는 편집자, '이런 테마의 책만 하겠다'는 편집자도 있으며, 뜻밖에도 튀는 취미를 가지고 있는 편집자도 있습니다. 다양한 영역으로 파고들며 제나름으로 살아가는 모습을 떠올리면서 저는 회사 경영을 맡고 있습니다.

그리고 이같은 집요한 편집자와 저자 간의 조합이 최강의 콘텐츠를 만듭니다. 무척 죄송한 표현이지만 어디에도 비길 데 없는 콘텐츠를 가지고 있는 저자도 역시 정상은 아닌 것입니다. 어째서 이런 점에 집착을 할까 하며 놀랄 일이 없는 저자 쪽이 오히려 드물 정도입니다. 그러고 보면 《정리의 마법》의 저다 곤도 마리에 선생도 처음 인사를 했을 때 '저는 정리광이에요'라고 스스로를 소개했던 일을 기억합니다. 역시 압도적인 힘으로 파고드는 것이야말로 창조의 원천입니다.

결정적인 순간에는 무리해야 일이 된다

교육연구사(선마크 출판의 전신)로 이직을 했던 다음 해에 제가 직접 다룬 규도쿠 시게모리의 《모원병》이라는 책이 있습니다. 이 책은 출간 직후부터 TV를 비롯해 미디어에 차례로 소개되어 50만 부를 넘는 빅히트를 쳤습니다.

소아과 의사인 규도쿠 선생과는 전 직장에서 맺은 인연이 있어 육아 관련 격언집 출판을 부탁드렸습니다. 카페에서 미팅을 하며 허락을 얻었는데 마침 미팅이 끝난 시간이 저녁 무렵이었습니다. 그래서 "한잔 어떠신지요?"라고 권하면서 도쿄 신바시역 근처의 꼬치구이 집에 들어갔습니다. 술을 마시면서 이런저런 이야기를 하는 중에 선생이 이런 말을 했습니다.

"우에키 씨, 최근에 말이죠. 엄마의 극단적인 과잉보호나 방임 때문에 아이에게 천식과 복통, 다리가 아파서 걷지 못하는 증상이 생기는 경우가 있어요."

저는 선생에게 그런 증상에는 이름을 뭐라고 붙였는지 질문했습니다. 그러자 엄마가 원인으로 일어난 병이니까 '모원병'이라 부른다는 것입니다. 저는 놀랐습니다. 그런 일이 일어난다는 것을 전혀 몰랐기 때문입니다. 그리고 '모원병'이라는 단어에 끌렸습니다. 그 안에는 무척 강한 메시지가 담겨 있는 것 같았습니다. 그래서 격언집보다도 '모원병' 쪽이 독자에게 '훨씬 필요하지 않을까'라고 생각하고 이쪽을 테마로 삼기로 했습니다.

지금은 마음이 몸에 큰 영향을 끼친다는 것이 거의 상식이 되어 있습니다. 그러나 40년 전은 그렇지 않았습니다. 그런데 규슈대학 교수로 일본에서 처음으로 심로내과, 즉 내과적 증상을 나타내는 신경증이나 심신증을 치료 대상으로 하는 진료과목 및 심리 요법을 만든 이케미 유지로라는 분이 계신데, 규도쿠 선생이 그분의 첫 번째 제자였다고 합니다. 특히 규도쿠 선생의 전문인 '천식'은 심인성인 경우가 많았기 때문에 자연스레 이같은 관점으로 이어졌다고 생각합니다.

그런 점은 차치하고, 만약 꼬치구이 집에 들어가지 않았다면 이 하프 밀리언셀러가 태어날 일은 없었을 것입니다. 후에 사내에서는 《모원병》을 '꼬치구이 집에서 태어난 베스트셀러'라고 이름 붙이기도 했습니다. 덕분에 그 이후에는 술집에서 저자들과 자주 대화를 나누게 되었는데, 그런 습관이 생겼던 것은 제가 단순히 술을 좋아한다는 이유 때문만은 아니었습니다.

불가사의한 인연의 힘으로
위기를 돌파하다

이 책의 경우, 기획은 수월하게 진행되었지만 최종 원고에 이를 때까지 열 권 분량에 달할 정도의 원고를 바탕으로 노력을 들였던 괴로운 추억이 있습니다. 여기에서 그 경위에 대해 자세히 쓰는 일은 삼가겠지만, 규도쿠 선생에게 400자 원고지 300장을 고쳐서 써달라는 부탁을 세 번이나 드렸습니다. 무려 합계 900장입니다. 편집자로서 제 일처리가 미숙했던 탓도 있지만, 선생이 의사인 만큼 몇 번을 다시 써도 병의 증세에 대한 기술이 진료 기록 카드의 나열처럼 되고 마는 것도 문제였습니다. 제가 원했던 것은 개별 가정에서의 부모와 자식 관계와 부부관계, 또는 형제끼리의 관계 등에 대한 상황이 스토리로 드러나서 독자에게 문제점이 확실히 전해지는 원고였습니다. 그래서 저와 북라이터가 나고야에 있는 선생의 클리닉으로 가서 취재를 하고 그 내용을 담아 책의 원고를 새롭게 만든 것입니다.

이제는 다 되지 않았을까 생각할 무렵, 이번에는 선생이 맹렬하게 교정한 원고를 보내주셨습니다. 애써서 사례별로 정리했던 스토리도 도중에 잘린 모양새가 되었습니다. 분위기도 역시 험악하게 바뀌었고 저는 최악의 사태도 각오했을 정도입니다. 그런데 그때 뜻밖에 규도쿠 선생이 옛 아이치 잇추중학교 출신 이라는 이야기를 들었습니다. 실은 저희 아버지가 그 학교에서 도덕 교사로 교편을 잡았던 적이 있어서 선생이 무려 아버지의 제자였다는 사실을 알게 되었던 것입니다. 불가사의한 인연입 니다.

'우에키 선생님의 자제분이시군요?'

선생도 그 사실을 알게 되었고 그제야 서먹했던 선생과의 관계에 서광이 비쳤다고 느꼈습니다. 아버지는 제가 고등학교 2학년 때 병으로 돌아가셨기 때문에 이런 사실을 본인에게 전할 수는 없었지만, 천국에서 도와주셨다고 생각했습니다. 감사하게도 그 이후에는 저희의 제안에 선생도 귀를 기울여주시는 일이 늘어나 일이 조금 쉽게 진행되었습니다.

그래도 원고를 확정할 때까지는 시간을 들여 서로 주고받기를 거듭했고, 초교, 재교로 교정쇄가 나올 때마다 첨삭을 둘러싸고 다투기도 했습니다. 최종적으로 선생에게 승인을 얻어 교정을 끝냈을 때에는 그 자리에서 쓰러지고 싶을 정도의 피곤함이 엄습했던 기억이 있습니다. 다만, 그만큼 무리를 하며 저자와 치열하게 다툰 '육탄전'의 결과로서, 그리고 우연한 인연의 도움을 받은 덕분에 공전의 히트작이 태어났던 것은 분명합니다.

'무리하지 않고는 성공하지 못한다'는 것은 비단 책을 만들 때만 적용되는 말은 아닙니다. 상대가 저자이든 거래처든 승부해야 할 곳에서 반드시 필요한 정신입니다. '바로 이때다'라는 때에 과감하게 발을 들여놓고 끝까지 해내는 힘이 중요합니다.

예를 들면, 2017년 5월에 출간되어 그해 연말에 밀리언셀러가 된 사쿠마 겐이치의 《체간 리셋 다이어트》가 있습니다. 담당 편집자는 당시 입사 3년 차였던 26세의 하스미 렌미 씨였으며, 실용서 팀을 이끄는 오모토 신고 편집장 아래에서 빅히트작을 만들었습니다. 실은 그녀에게는 이것이 첫 번째의 실용서 기획이었습니다. 어떻게 기획을 하면 좋은지, 저자를 어떻게 찾으면 좋은지에 대한 것도 모른 채 다이어트라는 테마만을 정해서 인기 블로그를 검색하고 있었다고 합니다. 그래서 찾은 것이 '모델 체간'이라는 키워드를 내세우고 있던 저자 사쿠마 겐이치 선생이었습니다. 처음에는 반신반의를 하며 편집장도 함께 저자와의 미팅에 자리했다고 합니다.

사쿠마 선생은 지금껏 미스 인터내셔널과 미스 월드에 일본 대표로 나가는 많은 참가자 등을 지도해왔기 때문에, 신뢰할 수 있는 내용이 될 것이라고 예상하고 기획을 진행했다고 합니다. 책의 골자를 정하고, 실천 사항들을 압축시키고 생생한 체험담을 싣고, 또 참신한 디자인에서 띠지의 문장에 이르기까지 다양한 측면의 고려를 통해 제작을 해나갔습니다. 그 결과 초판은 800부였지만 저자가 홍보에 힘을 쏟기도 해서 순식간에 숫자가 늘어나 한 달 남짓한 기간 동안 20만 부를 돌파하게 되었습니다. 발매 직후에 담당 편집자인 하스미 씨로부터 이 책에 대해 들은 잊혀지지 않는 에피소드가 있습니다.

책의 견본품이 완성되면 저자와 인연이 깊은 사람들과 미디어 관계자에게 통상적으로는 우편으로 책을 증정합니다. 이때에도 150권 정도의 수신자 리스트를 저자에게서 받았다고 합니다. 그런데 발송 직전에 사쿠마 선생에게서 연락이 와서 우편 발송이 아니라 본인이 모든 책을 직접 전하겠다고 했다는 것입니다. 더 놀랐던 것은 책 전달을 일주일 이내에 끝내기 위해서 그 일주일 간의 총 수면 시간이 겨우 10시간 정도였다는 사실입니다. 하루 평균 2시간도 자지 못한 것입니다. 게다가 책을 직접 건넬 때 각자에게 어울리는 포인트에 메모를 붙여 개별 메시지를 첨부했다고 합니다. 귀를 의심한 것은 바로 이 사실이었습니다.

이쯤 되면 '무리하지 않고서는 성공하지 못한다'는 말도 부족한 상황입니다. 또 듣자 하니 평소에도 그다지 잠을 자지 않아도 끄떡없는 체질이어서, 늦은 밤이든 이른 아침이든 몇 시에 이메일을 보내도 거의 그 자리에서 사쿠마 선생에게서 답이 온다고 합니다. 원래 맨주먹으로 스포츠센터의 강사를 시작하여 젊은 나이에 세계로부터 주목받는 존재가 된 사람입니다. 보통 사람들과는 에너지의 질량이 전혀 다른 것입니다.

'이 책은 틀림없이 크게 히트한다.'

그렇게 확신한 순간이었습니다. 과감하게 인쇄 부수를 늘리기로 연거푸 결정하고 광고를 발주한 배경에는 이 같은 에피소드가 있었습니다. 믿기 어려울 정도로 책 홍보에 밀어부치는 저자의 에너지가 마치 책에도 옮겨진 것처럼 가뿐하게 계단을 뛰어오르듯이 부수가 늘어났습니다. 미디어에 소개된 것도 그때그때의 판매에 기여를 했고 12월 중순에 TBS의 〈금요일의 미소〉에서 방송된 것이 마지막으로 결정타가 되었습니다. 야간에 방송되고 있었기 때문에 전국의 서점에서 영업 직원의 휴대전화로 계속 주문이 들어오기 시작해서, 주말부터 월요일까지 휴대전화를 손에서 놓을 수 없었다고 합니다.

방송 당일에는 63만 부였지만 다음날 토요일에 27만 부를 추가로 인쇄하기로 결정했습니다. 또 다음 주에는 10만 부를 추가했고 연말에도 10만 부를 추가해서 110만 부를 돌파했습니다. 2주 정도에 약 50만 부를 증쇄하기로 결정한 것입니다. 생각해보면 터무니없이 무리했다고도 말할 수 있을지 모르겠습니다. 그러나 책은 예상대로 보기 좋게 팔려 나갔습니다.

그 배경에는 전국의 서점과 유통사로부터 쇄도하는 주문과 문의에 직원들이 부서의 벽을 넘어 정력적이며 헌신적으로 대응을 해주었던 노력이 있습니다. 팔려야 할 때에 서점에 재고가 없으면 의미가 없습니다. 이때도 12월 16일에 결정한 27만 부나 되는 증쇄분을 연내에는 거의 모든 서점에 보낼 수 있었습니다. 일손 부족이 일상화된 지금의 물류 사정하에서 생각해보면 비현실적이었다고 말해도 좋을 훌륭한 대응이었습니다.

또한 사쿠마 선생에 필적할 정도로 거의 잠을 자지 못하고 끝까지 물량을 유통시킨 영업부장 니시카와 쯔요시 씨를 필두로, 주야를 불문하고 서점의 주문과 요청에 대응해준 직원 한 사람 한 사람이 얼마나 무리를 했는지 모르겠습니다. 그러나 그들은 훌륭하게 일을 해냈습니다. 어떤 여성 직원이 당시를 돌아보며 '전 직원이 한 덩이가 되어 일을 해나갔었지'라고 중얼거렸던 모습이 인상에 남습니다.

히트작이 탄생하면 편집자가 스포트라이트를 받기 쉬운 출판업계이지만, 영업부를 비롯해 타부서의 저력이 있어야 비로소 히트작의 탄생에 마침표를 찍을 수 있습니다. 대성공이란 역시 모두가 무리를 해야 비로소 가능합니다. 저는 직원들이 무리하며 일을 해주고 있다는 사실에 감사하면서 계속 지켜보고자 합니다.

운을 부르는 방법이 있다

'밀리언셀러의 탄생에 운과 우연이 작용하는가' 하는 질문을 자주 받습니다. 상당히 깊은 문제인 만큼 즉답은 어렵지만, 만약 출간 타이밍이 반년만 차이가 났다면 운명이 어떻게 달라졌을까 싶은 책도 있습니다. 아마도 그것은 책의 운일지도 모릅니다.

팔리는 책은 다양한 요소가 서로 어울려 에너지를 만들어낸다고 생각합니다. 거기에는 담당 편집자의 강렬한 마음과 고집도 있고, 저자가 자신의 메시지를 사회에 널리 전하고 싶다는 의지도 있으며, 마음으로부터 이를 세상에 내보내고 싶어하는 영업과 판매를 위한 노력도 있습니다. 그 모든 것이 합쳐짐으로써 향기가 되어 독자에게 전해집니다. '이 책으로 도움이 되고 싶다', '조금이라도 긍정적이 되길 바란다', '힘든 마음을 치유하면 좋겠다' 등 무언의 호소가 전해집니다. 그렇기 때문에 독자에게 지지를 받게 되는 것입니다. 이와 같은 의미에서 편집자와 독자, 출판사의 사고방식과 행동은 이 '무언의 호소'에 크게 영향을 준다고 생각합니다. 극단적으로 말하면 책의 운명은 책을 만드는 사람들이 운이 좋아지는 삶의 방식을 살고 있는가 하는 점에 달려 있습니다. 그것이야말로 운을 부르는 것이 아닐까 합니다.

물론 운을 좋게 하는 일에만 저도 100퍼센트 힘을 쏟고 있는 것은 아니지만, 살아가는 데 있어 운의 관점은 매우 중요하다고 생각합니다. 마쓰시타 고노스케 회장도 운에 대해서는 반복해서 언급하고 있습니다. 눈에 보이지 않는 것에 대한 경외의 마음은 결국은 현실이 되어 눈앞에 나타난다는 말은 과연 틀림없다는 생각이 듭니다.

책은 그야말로 생명체이기 때문에 우선 소중히 해야만 하는 것은 책 그 자체입니다. 2019년에 외부위탁으로 전환을 했지만, 저희 회사는 오랜 기간 유통 센터를 직접 운영해왔습니다. 반품되어 돌아온 책도 세심하게 보살피는 등, 유통 센터에서 일하는 직원들은 책을 소중하게 여기는 의식이 강했습니다. '책이 나가는 출발 지점이기 때문에 매우 중요한 일을 담당하고 있다'는 마음이 중요한 것입니다. 덕분에 깨끗한 상태로 책이 도착하고 게다가 정확하고 틀림없이 입하된다고 업계에 정평이 났습니다.

책을 창고에서 소중히 다루는지 여부는 어쩌면 독자들은 모를 수도 있습니다. 눈에 보이지 않는 일입니다. 그러나 저는 눈에는 보이지 않는 일이기 때문에 더 중요하다고 생각합니다. 그것이 운을 좌우하는 일로도 이어집니다. 큰 성공을 거두는 사람들은 물론 운이 좋지만, 그런 사람들은 매우 겸허하며 으스대는 일이 없습니다. 저는 도쿄 로타리 클럽에 회원으로 가입해 있는데 그곳에서 만난 톱클래스에서 일을 해온 사람일수록 겸손하고 배려도 잘한다는 인상을 받았습니다.

저는 예전에는 으스대는 사람이 두려웠습니다. 뻐기는 사람은 누구라도 두려웠습니다. 하지만 지금은 그렇지 않습니다. 겸허한 사람, 겸손한 사람일수록 두렵습니다. 그리고 그렇기에 그들이 크게 성공하고 있는 것이라고 생각합니다. 일이 잘 풀리는 데에는 매일 매일의 행동, 삶의 방식이 크게 연관되어 있는 것입니다.

최고 반열에 오른
경영자의 가르침

⋮

겸허하며 으스대지 않는 사람 하면 바로 머리에 떠오르는 분이 후나이 유키오 선생입니다. 선생은 '행운과 재수가 중요하며, 그것은 요령을 파악하면 누구라도 끌어당길 수 있다'는 생각을 가지고 있었습니다. 여기에서 후나이 선생과의 인연으로 이룰 수 있었던 일에 대해서 조금 장황하지만 말해보도록 하겠습니다.

후나이 선생은 1980년대에 이미 몇 곳의 출판사를 통해 많은 저서를 썼습니다. 물론 다 매력적인 저작이지만, 저는 선생의 훌륭한 진수가 아직 한 권에 응축되어 있지는 않다는 인상을 받았습니다. 독자들이 '읽고 싶어하는 포인트'에 더욱 초점을 맞춘 책을 만들 수 있을 거라고 생각했지요. 그래서 후나이 선생의 결정판이라고 할 만한 책, 선생의 본질을 응축하며 사람들의 삶의 방식에 힌트가 되어줄 만한 내용을 기획하면 어떨까 하고 제안을 하기 위해 찾아뵈었습니다. 1989년 무렵이었을 겁니다.

당시, 후나이 선생은 저희 회사의 존재를 모르고 계셨는데 저의 열의에 이끌려 '그럼 같이 일을 해볼까요' 하고 생각하시는 것 같다는 느낌을 받았습니다. 후나이종합연구소를 창업하여 경영 컨설턴트 업계로는 처음으로 도쿄증권거래소의 1부 상장을 이루었고, 다수의 저서를 가진 저명인사임에도 불구하고 겸손하고 솔직하게 저희를 대해주셨던 것을 지금도 선명하게 기억합니다.

그 후 책의 방향성이 정해질 때까지 몇 번이고 의견 교환을 되풀이하며 첫 기획이 모습을 갖추기까지 2년 이상의 시간이 걸렸습니다. 선생의 원고에 취재를 통해 얻은 내용을 더해서 정리하고, 후에 《남자의 품격(男の品格)》 등에서 베스트셀러 작가가 된 가

와기타 요시노리 선생의 협조를 얻어 일을 진행했습니다. 여담이지만 가와기타 선생과는 어떤 파티에서 알게 되었는데, 왠지 서로 마음이 맞았고 그 후에도 업무적으로 많은 도움을 받아 히트작을 낼 수 있었습니다.

1992년에 저희 회사에서 처음으로 후나이 선생의 《앞으로 10년 삶의 방식의 발견(これから10年 生き方の発見)》이 간행되었습니다. 또한 강연회를 여는 등 후나이종합연구소의 조력 덕분에 17만 부에 달하는 기대를 웃도는 판매세를 보였습니다. 책이 팔린 것도 물론 감사한 일인데, 이 일을 통해 후나이 선생에게 인생과 경영에 대한 원리원칙을 배운 것이 지금 생각하면 훨씬 귀중했다는 확신이 듭니다. 선생이 입버릇처럼 말씀하셨던 성장의 3가지 원칙인 '솔직함', '긍정적 발상', '공부 좋아하기'를 비롯해 '운이 있는 상품을 늘리고, 행운이 있는 사람과 사귀어라'는 말씀 등, 지금도 순식간에 문장으로 떠오를 정도로 무의식 중에 선생의 말씀에 많은 영향을 받았습니다.

당대 최고 반열에 오른 경영자로부터 일을 통해 직접 가르침을 받을 수 있다는 것은, 단행본 편집자라는 직업을 가진 사람으로서 어마어마한 혜택입니다. 그 사실을 절실하게 느끼고 있으며, 저도 편집자 시절부터 만나온 훌륭한 분들 덕분에 행운을 더키울 수 있었다고 생각합니다.

《앞으로 10년 삶의 방식의 발견》의 성공에 만족하셨는지 제2탄은 선생이 제안을 하셨습니다. "우에키 씨, 다음은 '진짜의 발견'으로 해 볼까요?"라고요. 그리고 〈세상 속의 일은 모두 필연필요〉, 〈진짜를 어떻게 판별하는가〉, 〈진짜 인간, 진짜 상품과 만나자〉 등을 집필하셨습니다.

후나이 선생이 추천해주신 진짜 인간을 몇 명이나 소개받아 가와기타 선생과 둘이서 대면취재를 위해 각 지역을 방문했습니다. 그중에서도 EM기술로 잘 알려진 류큐대학 교수(현 명예교수)인 히가 테루오 선생의 이야기를 듣고서 '일도 인물도 그야말로 진짜다'라고 느껴, 그 자리에서 히가 선생의 저서도 출판하겠다고 결단을 했습니다.

EM이란 'Effective Micro-organisms(유용미생물군)'의 약자로, 히가 선생이 발견하여 개발한 인간을 비롯한 생명체에 유용하게 작용하는 미생물군의 복합배양액을 말합니다. 여기서는 자세히 언급하지 않겠지만, 농업에 활용하면 고품질의 작물이 양산되는 외에 환경과 의료에도 두드러지게 효과를 보이는, 세계에서도 알 만한 사람은 아는 연구와 실적이었습니다.

그리고 후나이 선생의 제2탄 《앞으로 10년 진짜의 발견(これから10年 本物の発見)》을 간행한 수개월 후에 히가 선생의 《지구를 구하는 대변혁(地球を救う大変革)을 간행했습니다. 《진짜의 발견》은 기대한 대로 히트를 했고 책의 마지막에 히가 선생의 일과 인물에 대한 소개를 했기 때문에 그에 대한 기대도 높았던 듯합니다. 히가 선생은 일반 독자에게는 알려져 있지 않았기 때문에, 후나이 선생이 힘써준 덕분에 발매 직후에 〈니혼게이자이〉 신문 지상에 두 분의 대담에 대한 광고를 전면에 실을 수 있었습니다. 거기에 힘입어 환경과 농업, 의료를 테마로 한 책으로서는 드물게 25만 부를 넘는 베스트셀러가 되었습니다.

후나이 선생의 인맥은 기업 경영자와 대학교수, 연구자에서 의사, 작가, 영매사에 이르기까지 실로 다채로웠으며, 누구도 차별을 두지 않고 평등하게 대하셨습니다. 그리고 취재 후보로서 화제에 올랐던 사람이 있으면 그 자리에서 바로 저희와 전화로 연결을 해주셨습니다. 운이 좋은 사람의 행동 원리를 본보기로 보여주신 것 같다는 생각이 들었습니다. 선생이 '훌륭한 일을 하며 열심히 일하는 의사가 있습니다'라며 소개해주신 분이 바로 《뇌내혁명》의 저자인 하루야마 시게오 선생이었습니다. 도쿄 대학을 졸업하고 클리닉 원장을 맡고 있으며 아침 일찍부터 밤늦게까지 환자를 위해 헌신적으로 일하는 의사였습니다.

하루야마 선생은, 마음의 평정을 유지하고 긍정적 사고를 가지면 뇌 속 모르핀 작용에 의해 건강해진다는 사실을 서구의 최신 지식과 많은 증상의 예를 통해 밝히고 있었습니다. 말하자면 후나이 선생은 후나이식 경영관과 인간관을 의학과 의료 면에서

입증하는 존재로 하루야마 선생을 주목하고 있었다고 합니다. 25년이 지난 지금, 이런 의학적 지식은 거의 상식이 되었지만, 당시로서는 매우 흥미 깊고 참신한 사고방식이었습니다.

그리고 후나이 선생의 제3탄《앞으로 10년 즐거움의 발견(これから10年 愉しみの発見)》에서는 인생을 즐기는 삶의 방식에 대해 쓰고 1장에서 하루야마 선생의 일에 대해 상세히 소개하기로 했습니다. 3개월 후에 간행되는 하루야마 선생의 첫 저서인《뇌내혁명》에 대한 사전 예고를 한다고 하는, 어쩌면 출판업계에서도 드문 '도서를 통한 신간 고지'가 실현되는 단계에 이른 것입니다.

후나이 선생의 '앞으로의 10년' 시리즈는 각각의 작품 모두 10만 명을 전후하는 독자를 확보해왔기 때문에 무명 저자의 첫 작품을 사전에 많은 독자가 기다리는 환경을 만들 수 있겠다고 기대를 했습니다.《진짜의 발견》에서 거둔 성공사례를 더 큰 규모로 재현시키려는 작전이었습니다. 이 목표가 제대로 적중한 덕분에《뇌내혁명》은 발매 이후 순조로운 출발을 보여, 점차 독자의 공감을 불러 성장 궤도에 오를 수 있었던 것입니다.

그런데 '운'이라는 것으로 되돌아가면, 후나이 선생이 말씀하시는 '행운이 있는 사람과 사귀어라'고 하는 원리에 따라 정말로 제가 운의 흐름에 올라설 수 있었던 것 같습니다. 후나이 선생과의 만남은 아무리 감사를 드려도 다하지 못할 깊은 인연이었다고 느끼고 있습니다.

과거를 보는 시각이 미래를 바꾼다

재수와 삼수를 한 덕분에
지금이 있다

'과거는 좋은 발판이다'라는 것은 후나이 유키오 선생의 말씀입니다. 이는 대단히 좋은 말이라고 생각해서 '선마크 출판 카드'에 포함시켰습니다. 과거를 스스로 인정하고 이미 벌어진 일을 긍정적으로 파악하면 결과적으로 보탬이 되는 경우가 많습니다. 이 사실을 많은 이들이 알아주면 좋겠습니다.

과거 몇 년간 수차례 한 명문 여자대학의 취업처가 주최하는 세미나에서 강연을 한 적이 있습니다. 이때도 청중들이 가장 놀라는 대목이 '과거는 좋은 발판'이라는 이야기입니다. 저는 교토대학 문학부를 졸업했는데 사실은 삼수를 했습니다. 게다가 첫해에 시험을 치른 학부는 이학부였습니다. 숫자를 전공하자고 생각했던 것입니다. 그런데 불합격을 했습니다. 그래서 재수를 하고 있을 때 만난 것이 바로 철학이었습니다. 니체, 사르트르, 쇼펜하우어……. 재수학원에 다니며 느꼈던 답답함을 달랠 생각으로 이런 철학자들의 저서를 읽기 시작했는데, 그만 푹 빠져들고 만 것입니다. 그리고 대학에서도 철학을 배우고 싶다고 생각해 이과 계열에서 문과 계열로 변경해서 지원을 했습니다. 그러나 사회계열 수험과목이 늘어나서 준비가 부족해 또 불합격을 하고 말았습니다. 그래서 삼수를 하게 되고 만 것입니다.

아버지가 같은 대학의 철학과를 졸업했고 큰 형, 작은 형 모두가 곧바로 합격을 했습니다. '교토대 현역 합격은 당연하다'는 무언의 압력 속에 삼수를 하는 셋째 아들로서는 어찌할 바를 모르던 나날이었습니다. 그러나 이학부가 아니라 문학부에 들어갔기에 오히려 출판계와 인연을 맺을 수 있었습니다. 전화위복은 아니지만 실패라고 생각했던 것이 결과적으로 제게는 플러스가 된 것입니다. 게다가 삼수를 하며 고생했던 경험도 양식이 되었습니다. 장래를 예측하지 못하고 벼랑 끝으로 몰린 정말로 고통스러운 상황이라는 것이 어떤 것인가를 사무치게 느꼈던 때였습니다. 그래서 비슷한 상황에 처한 사람의 마음을 조금은 이해하게 되었다고 생각합니다.

매스컴 세미나에서 이 이야기를 했는데 끝난 후에 어떤 여대생이 찾아와 제 눈앞에서 '엉엉' 하며 울기 시작했습니다. 듣자하니 실은 제1지망을 했던 다른 국립대학이 있었다고 합니다.

재수를 해서 그 대학에 시험을 쳤고 또 떨어졌다고 합니다. 반드시 그곳에 들어가고 싶어 재수를 했는데 완전히 같은 결과가 되어 결국 이곳 대학에 왔다고 합니다. 지금 다니는 곳 역시 유명 대학이기 때문에 타인이 볼 때는 순조로운 인생으로 보입니다. 그런데도 본인에게는 큰 실패이며 고통스러운 체험으로 계속 마음속에 남아 있었습니다. 그리고 그때까지 아무한테도 말할 수 없었답니다.

여학생은 제 이야기를 듣고 부모님에게도 친구들에게도 말하지 못했던 진짜 마음을 비로소 말할 수 있었다며 마지막에 웃어 보였습니다. 반드시 이 일을 계기로 그 학생은 새로운 출발을 할 것이라 생각했습니다. '과거는 좋은 발판'인 것입니다. 저도, '이 대학에 들어온 이유가 분명 있을 거예요, 반드시 좋은 일이 생길 거예요'라고 말해주었습니다. 여학생을 눈앞에서 울리고 있는 광경은 멀리서 볼 때는 정말로 '이상하고 위험하게 보이겠구나' 하는 걱정을 하면서요.

바닥에서 시작한 사람이
가질 수 있는 힘

제가 대학을 졸업하고 처음 들어간 곳은 도쿄 이치가야(市ヶ谷)에 있던 쵸분샤라고 하는 작은 출판사입니다. 하이쿠(俳句, 일본 고유의

단시) 시인인 타네다 산토카 선생의 작품집과 신서 시리즈를 내고 있으며, 편집자의 재량으로 짜낸 기획을 책으로 만들 수 있는 점은 매력적이었습니다. 다만 사장이 상당히 독특한 사람이어서 단기간에 그만두는 편집자가 적지 않았습니다. 저는 2년을 있었지만 당시 가장 오래 근무한 사람이라는 말을 들을 정도였습니다.

짧은 기간이기는 했지만 사장에게 직접 전수를 받아서(그도 그럴 것이 편집장이 바로 그만둬버렸기 때문에) 목차 만드는 법에서 광고 카피 작성법까지 배울 수 있었던 것은 지금에 와서는 참 고마운 일이었다고 느낍니다. 앞뒤 상황도 분별하지 않고 그곳을 뛰쳐나온 후 발견한 것이 도쿄 다카다노바바(高田馬場)에 있던 교육연구소의 모집 광고였습니다. 선마크 출판의 전신인 회사입니다. 당시는 방문판매를 통해 가정교육과 관련된 세트 상품을 영업하는 회사였는데, 이와는 별도로 서점을 경로로 하는 부문을 신설해 일반서를 만드는 계획을 진행하고 있었습니다.

이때 입사한 사람이 지금은 문예평론가로 활약하고 있는 기요하라 야스마사 씨와 저 두 명이었습니다. 완전히 백지에서부터 둘이서 편집부를 꾸려가는 것은 정말 힘든 일이었습니다. 저자 후보에게 전화를 걸어도 '어떤 회사인데요?'라는 대답의 연속이었습니다. 지명도가 없기 때문에 상대가 모르는 것이 당연했습니다. 이런 상태였던 만큼 전화 한 통 거는데도, 편지 한 통 쓰는데도 나름의 궁리가 필요했습니다. 지금 생각하면 이때의 수행이 저를 크게 단련시켜 주었습니다.

지금은 선마크 출판에서 책을 내고 싶다고 말해주는 저자도 적지 않습니다. 그러면 편집자가 그다지 고생을 하지 않아도 바로 저자를 만날 수 있고 기획도 즉시 승낙해서 한 권의 책이 완성됩니다. 그런데 이같은 환경이라면 편집자가 자기 단련을 하거나 성장을 하는 데에는 어쩌면 역효과가 날 가능성도 있기 때문에 잘 생각해야만 할 것입니다. 이름이 알려진 회사에 들어가는 것보다도 그렇지 않은 회사에서 일하는 쪽이 '과거의 일은 좋은 발판'이 될 가능성도 있습니다.

이 같은 깨달음 가운데서 저는 '좋은 것과 나쁜 것'에 대해 깊이 생각해보게 되었습니다. 언뜻 보기에 좋다고 생각되는 것은 정말로 좋은 것인가. 또는 언뜻 나쁘다고 생각되는 것은 정말로 나쁜 것인가. 어쩌면 좋은 것은 나쁜 것일지도 모릅니다. 또한 나쁜 것은 실은 좋은 것일지도 모릅니다. 그것을 잘 생각해볼 필요가 있습니다.

마음이 현명한 사람은
고통이 무엇인지 안다

⋮

일을 하다 보면 행운이라고 생각되는 일도 있고 그렇지 않은 일도 있습니다. 예를 들면, 책을 만들 때에도 화제작이나 기대작을 담당한다고 합시다. 이는 편집자 입장에서는 기쁜 일일 수도 있습니다. 그러나 기대작이라는 것은 기대작이라는 것만으로 이미 불리한 조건을 지고 있는 것입니다. 회사 내부는 물론 독자로부터의 기대도 큽니다. 어쩌면 일반적인 책보다도 성공할 수 있는 장벽이 높다고 할 수도 있습니다.

일 이외에도 행운이나 불운 때문에 인생을 고민하는 사람은 많습니다. 젊을 때 괴로운 상황에 내몰리는 사람도 있습니다. 좀처럼 일이 잘 풀리지 않습니다. 행운을 만나지 못합니다. 생각대로 되지 않습니다. 결과를 내지 못합니다……. 하지만, 반드시 견해를 바꿔보기를 바랍니다.

원래 평생 아무 일 없이 순조로운 사람은 없습니다. 그런 의미에서 인생의 이른 시기에 좌절하거나 괴로운 상황을 겪거나 남몰래 콤플렉스를 가지는 것에는 큰 의미가 있다고 생각합니다. 왜냐면, 그 같은 체험을 거치지 않으면 타인의 고통을 이해하지 못하기 때문입니다. 대입 수험에서도 시험에서도 좋은 결과를 내는 '머리가 현명한' 사람도 있겠지요. 하지만 저는 '마음이 현명한' 사람에게 이끌립니다. 마음이 현명한 사람이란, 상대와 주위 사람이 어떤 일을 하고 싶어하는가, 무엇을 기대하고 있는가를 상상할 수 있는 사람입니다. 상대와 주위의 마음을 깊이 헤아려서 여러 가지를 고려하는 사람입니다.

그러면 어떤 사람이 마음이 현명한 사람이 될 수 있을까요? 저는 고통을 분명하게 이해하고 있는 사람이라고 생각합니다. 자신이 겪은 좌절과 괴로운 경험에 입각해 마음의 고통이 무엇인지 아는 사람 말입니다. 어쩌면 머리가 현명한 사람보다 마음이 현명한 사람이 더 원활하게 일할 것이라고 생각합니다. 예를 들면, 취재를 할 때도 취재 대상자가 A에게는 이야기를 잘 하지만 B에게는 별로 하지 않는 듯한 경우가 자주 있습니다. 무엇이 이 차이를 만들까요? 취재라는 것은 이야기를 듣는 사람의 인간력이 정면으로 나타나는 행위입니다. '인간력'이란 2003년 일본 내각부가 발표한 〈인간력 전략 연구회 보고서〉에 나오는 표현으로 '사회를 구성하고 운영함과 동시에 자립한 한 사람의 인간으로서 힘차게 살아가기 위한 종합적인 힘'을 뜻하지요. 어쨌든 현명한 마음을 가지고 있는지 여부에 따라 취재에서 끌어낼 수 있는 내용의 양과 질이 크게 바뀌는 것입니다.

현명한 마음은 괴로운 체험을 통해 길러지는 경우가 많습니다. 저희는 채용을 할 때도 좌절했던 경험을 어떻게 살려왔는가에 대한 질문을 합니다. 콤플렉스를 가진 사람에게 더욱 흥미를 가집니다. 그렇다고 엘리트가 좋지 않다는 말은 아니지만 순조롭게 살아오지 않은 사람에게 강하게 이끌립니다. '과거는 좋은 발판.' 그렇게 이해하고 앞으로 나아가는 것이 중요합니다.

빛나는 사람들이 물려준
보이지 않는 재산

⋮

이번에는 교육연구사 시절에 직접 다뤘던 3권의 저작에 대해 언급하도록 하겠습니다.

우선은 〈소문의 진상〉 창간 편집장인 오카도메 야스노리의 저작 《잡지를 만든다(雜誌を斬る)》입니다. 잡지의 창간과 첫 출판을 겸해서 축하하는 피로연 파티를 도쿄후생연금회관에서 열었던 기억이 지금은 그리운 추억이 되었습니다.

이 책은 저희 회사의 간행 라인업에서 보면 이질적이라는 인상을 가질 수도 있습니다. 그러나 권력과 목숨을 걸고 싸우며 강건함과 유연함을 가진 다양한 인맥이 뒤섞여 있는 속에서도 '하고 싶은 일을 할 수 있도록 관철하겠다'는 자세에서 저는 일종의 카타르시스를 느꼈습니다. 오카도메 선생은 애석하게도 2019년에 세상을 떠났지만 선글라스 안에서 수줍게 빛나던 눈빛은 제 안에 계속 살아있습니다. 신주쿠 골든가에 자리한 은신처 스타일의 바였던 '코로(こう路)'에서 늘 원고를 주고받았으며, 탈고할 때까지 몇 번이나 그곳으로 발길을 옮겼는지 모릅니다. 오카도메 선생 덕분에 담력을 상당히 단련할 수 있었습니다.

다음으로 '베트남에 평화를! 시민연합'이라는 반전운동 그룹의 활동가로, 지금은 일본 펜클럽 회장을 맡고 있는 요시오카 시노부 선생의 첫 저작인 르포르타주 《교사의 휴일(教師の休日)》입니다. 월간지 〈교육의 숲〉에서 교육과 관련된 뛰어난 현지보고를 연재했던 것에 주목하여 원고를 의뢰했습니다. 취재 대상자의 마음에 파고드는 듯한 세심한 취재와 사회의 문제점을 부드러운 문장으로 나타내는 감성은 가히 비길 데가 없어서, 저는 머지않아 요시오카 시

노부 선생이 큰 일을 하게 될 것이라는 예감을 품게 되었습니다.

그 후 《추락의 여름(墜落の夏)》으로 고단샤 논픽션 상을 수상하고, 보도프로그램에서 리포터로 활약하는 모습을 볼 때마다 초심으로 일관하는 모습에 성원을 보내고 있습니다.

그리고 위의 두 권의 책을 낸 지 5년 이상 지난 후에 발행을 한 것이 주간지 〈여성자신〉을 100만 부 잡지로 키운 명 편집장 사쿠라이 히데노리 씨의 저작입니다. 사쿠라이 씨가 쇼텐샤를 떠나서 월간지 〈라세느〉를 창간했을 때의 인연으로 그의 첫 저작인 《여자를 이해하지 못하고 먹고살아갈 수 있을까(女がわからないでメシが食えるか)》를 다루게 되었습니다. 이때에도 잡지 창간과 첫 출판 축하를 겸해 일본공업구락부회관에서 기념 파티를 개최했습니다. 통칭 《여자 밥》이라 불리는 이 책은 다행히 큰 반향을 불러 증쇄를 거듭했고 시리즈 누적 판매 부수가 40만 부에 이르는 베스트셀러가 되었습니다. 식사를 함께 하거나 일상적인 대화를 주고받으면서 사쿠라이 씨에게서 편집의 중요한 점과 편집자로서의 마음가짐을 배우게 된 것도 저의 큰 재산이 되었습니다.

우울의 정점에서
배를 움켜쥐고 웃다

'과거는 좋은 발판'이라고 말하면서도 본서의 첫머리에서도 언급한대로 '두 번 다시 그 시절로는 돌아가고 싶지 않다'고 생각하게 되는 시기가 있었던 것도 사실입니다. 사실《모원병》시리즈가 한동안 팔린 후, 1980년대 초는 단행본이 잘 나가지 않게 되어 그룹사의 의향에 따라 1983년부터 몇 년간은 서점을 경유하는 책을 내지 않았던 시기가 있었습니다. 당시, 가정 방문판매를 통해 유능한 영업 직원을 많이 고용하고 있던 관련 회사가 직역판매(職域販売. 기업의 종업원을 대상으로 하는 사내판매. 클로즈드마켓, 사원 판매 라고도 한다 −옮긴이)에 나서기로 했습니다. 그리고 지방자치 단체와 기업, 주민 자치 모임 등을 대상으로 한 대형판 4도 컬러의 실용서를 만들라는 지시가 내려왔습니다. 극히 일부는 서점에도 보내지만 어디까지나 직판이 주체이며 서점을 경유하는 판매는 있으나 마나 한 처지가 되었습니다. 어느 날, 갑자기 회사에서 직원들에게 그렇게 통고를 한 것입니다.

저희가 역부족이었던 것이 원인이었지만, 전 직장을 포함해 그럭저럭 7년 이상을 서점에서 책이 팔리는 직접적인 반응을 보람으로 삼으며 일을 계속해왔던 저에게는 충격이었습니다. 효율적으로 일을 진행하기 위해서, 영업부 주도로 올라왔던 기획을 편집부에서 골자를 결정하여 외부의 편집 프로덕션에 원고 제작을 맡긴다는 식이었습니다.

《관혼상제의 매너(冠婚葬祭のマナー)》,《한자용어사전(漢字用語辞典)》,《간단! 감탄! 건강식(簡単! 感嘆! 健康食)》,《편지·연설집(手紙·スピーチ集)》,《쉬운 요리법(らくらくクッキング)》등, 철저한 실용서

적뿐이었습니다. 그중에는 수십만 부가 팔린 책도 있었지만, 영업력에 따라 평가를 받는 출장 판매 방식이기 때문에, 이 책이 성공한 것인지 실패한 것인지를 두고 고민하고 노력하는 데 대한 보람이 전혀 느껴지지 않았습니다. 긴 편집자 생활에서 그때만큼 무덤덤한 날들을 보낸 적은 없습니다.

그러고 보니 업무 변경을 갑자기 통보받았던 무렵의 이야기입니다. 기분이 울적했기 때문에 신주쿠의 골든 가이에 나갔습니다. 가끔 술집에서 횡설수설하는 사람이 있는데 저도 한 번쯤 그렇게 우울한 기분으로 마셔볼까 하는 생각이었습니다. 그리고 몇 시간 후, 유감스럽게도 저는 우울은커녕 여느 때처럼 시시한 이야기를 하며 배를 움켜쥐고 웃고 있었습니다. 술 마시는 법까지 부정적인 방법으로 마시는 것은 역시 제게는 어려웠던 모양입니다. 원래 낙천성을 타고났기 때문인지 딱히 현재 상황을 바꾸려고 몸부림을 치지도 않았습니다. 이 시기에 열중하게 된 것이 있는데 그것은 바로 취미인 장기와 테니스입니다.

장기는 그룹 회사에 아마추어 강호인 5단급이 몇 명이나 있어서 장기부를 결성했습니다. 저는 당시 막 2단이 된 실력이었지만 부장을 맡아서 대외 시합을 포함해 왕성한 활동을 했습니다. 매주 신주쿠 장기 센터에도 다녔습니다. 그동안 직장 단체전에도 출전 가능한 수준이 되어 부도칸에서 전국에서 모인 고수들과 마주했던 경험은, 긴장감은 있었지만 더없이 행복한 한때이기도 했습니다.

또한 테니스에도 열중해서 매주 테니스 클럽에도 5년 이상을 다녔습니다. 아라카와가센지키(荒川河川敷)에 있는 오미야켄포 그라운드(大宮けんぽ, 일본 최대 규모의 스포츠 시설)의 테니스 코트가 저희들의 홈이었습니다. 여름철의 휴일, 오전 중 4시간을 철저하게 계속 공을 따라다니다 보면 지쳐서 오후에는 쓸모없이 늘어지게 되지만 신체만은 단련되었다고 생각합니다. 그나저나 이야기가 너무 벗어나고 말았네요.

괴로움에 바둥대지 않고 장기와 테니스에 열중했던 것은 어쩌면 '운이 좋았던' 일일지도 모릅니다. 그도 그럴 것이 원래 지방자치단체에서 성인식용 기념품으로 만들어 직역판매 상품으로 출간을 했던 《20세가 되면 읽을 책(20歳になったら読む本)》의 평판이 좋아서, 이를 타이틀과 디자인을 바꿔 서점용으로 본격적으로 팔 수 있게 되었기 때문입니다. 그때가 1986년이었습니다. 이 책이 《영 어덜트 정보원 상식편(ヤングアダルト情報源 常識編)》으로, 간행되자마자 광고도 하지 않았는데 팔리기 시작한 것입니다. 상세한 내용은 생략하겠지만, 이를 기점으로 25권 시리즈 총 300만 부 판매라는 빅히트작이 탄생했습니다. 이에 따라 서점을 경유하는 도서 판매 시스템으로 멋지게 다시 복귀할 수 있었습니다. 역시 '과거는 좋은 발판'이 되는 것일까요?

제2장

취향을
사로잡는 전략

콘텐츠에는 고유의 에너지가 있다

제가 사장이 된 2002년에 즈음해서 저는 여러 사람들에게 경영에서 무엇이 가장 중요한지를 물으러 다녔습니다. 당시 경영에 관여한 경험이 있는 이들 대부분은 저에게 현금 흐름과 경영 이념'이라는 답을 주었습니다. 당시 회사는 앞서 말했듯이 재무적으로 무척 힘겨운 상황이었기 때문에, 제가 우선적으로 강렬하게 생각하고 있던 것은 당연히 현금 흐름이었습니다. 특히 2~3년째 되던 시기에는 현 상황을 안정시켜야만 한다며 여기저기로 분주하게 뛰어다녔습니다. 편집자일 때와는 달리 경영자가 되면 업무에 대한 관점도, 결단의 초점도 바꿔야만 합니다. 출판 업계 전체가 명백히 침체 국면에 접어든 상황이었기 때문에 저는 백지상태에서 한 번 더 고려해야만 한다고 생각했습니다.

그리고 다음은 '경영 이념' 확립에 대한 생각을 했습니다. 이를 위해 당시 근무하던 직원 약 40명 전원이 업무를 중단하고 아타미에 있는 호텔에 3일간 틀어박혔습니다. 서로 이야기할 기회를 가지는 것에서부터 경영 이념을 세우기로 한 것입니다.

당시 맨 처음 주제로 삼은 것은 '지금의 선마크 출판을 하나의 단어로 나타낸다고 하면 어떤 단어가 될 것인가'였습니다. 이를 강구하기 위해 로고 마크와 기업 이념을 검토하는 'CI위원회'라는 팀을 발족시켰습니다. 회사를 나타내는 하나의 단어를 그 자리에서 바로 만들어버리는 방법도 있었지만, 제 안에는 본래 이런 일은 충분한 시간을 들여야 하는 것이라는 생각이 있었습니다. 무엇보다도 글을 만들어내는 일에 종사하고 있는 회사이기 때문에, 저희 모두를 나타내는 단어는 정성을 들여 만들고 싶었습니다. 그래서 컨설턴트의 조언도 받아가면서 공을 들이고 시간을 쌓았습니다.

이렇게 1년 반에 가까운 시간을 들여 탄생한 '그라운드 코어 콘셉트(회사 운영의 중핵이 되는 사고방식)'는 바로 '손안에, 한 권의 에너지'였습니다. 저희가 간행하는 한 권 한 권의 책이 독자가 살아가는 에너지가 되기를 바란다는 소망을 응축시킨 것입니다.

사실 책 만드는 일을 하게 되면서부터 계속해서 마음에 걸리는 점이 있었습니다. 그것은 바로 '책이란 어떻게 해서 널리 알려지게 되는 것인가' 하는 문제였습니다. 제 나름의 생각을 계속 해가면서 알게 된 사실은 다음과 같습니다.

'책이란 에너지체와 같은 것으로, 에너지의 크기가 사람을 가까이 끌어당긴다. 책은 여러 사람에게 각각의 성장단계에 맞게 에너지를 주고 인생을 바꾸어주는 것이다.'

'손안에, 한 권의 에너지'란 바로 저희가 세상에 전하고 싶은 메시지였습니다. 그리고 에너지를 만들어서 전파할 수 있는 회사가 되어야 한다고 생각했습니다.

입소문은 에너지의 폭발이다

말하지 않고서는
도저히 견딜 수 없는 현상

책이란 기본적으로 입소문으로 팔립니다. 이는 시대가 바뀌어도 마찬가지이며 인터넷과 SNS 역시 입소문의 영향을 받는다는 사실에는 변함이 없습니다. 입으로 전해져 확대되어가는 것이 책의 기본적인 판매 방식인 것입니다. 그렇다면 입소문으로 팔린다는 것은 도대체 어떤 과정에서 이루어지는 일일까요?

반복해서 하는 말이지만, 책은 단순히 물질적인 존재가 아니라 에너지체와 같은 것입니다. 한 권의 책을 읽으면 독자는 자기 안에 그 책의 에너지를 일단 받아들이게 됩니다. 입소문이란 책에 내재된 에너지가 넘쳐나서 읽은 사람 안에 머물지 못하고 외부로 퍼져 무심코 다른 사람에게 말해버리게 되는 일이 아닐까요? 그리고 그것을 들은 사람이 또 같은 책을 읽고 그 책의 에너지를 자기 안에 받아들입니다. 그러면 마찬가지로 그 에너지를 눌러두지 못하고 남에게 말을 합니다. 그렇게 해서 입소문이 퍼져 나갑니다.

즉, 입소문이라는 것은 '책이라는 에너지의 전파현상'이 아닐까 하는 것입니다. 놀라움이나 감동이라고 하는 것은 감탄이 전파되는 현상입니다. 그렇기 때문에 얼마나 에너지가 큰 책을 만들어갈 것인가 하는 점이 중요합니다. 이를 '책=에너지 이론'이라고 합니다.

재미있게도, 적은 부수로 출발한 책이라 하더라도 독자가 억누르지 못하는 에너지를 내재하고 있으면 충분히 반향을 불러일으켜 잘 팔리게 됩니다. 저희는 기본적으로, 느닷없이 많은 권수를 제작해 책 판매를 시작하는 경우가 좀처럼 없습니다. 그것은 이치에 반하는 일입니다. 아직 아장아장 걷는 아기에게 교복을 입히는 일과 같다고 생각하기 때문입니다.

고유의 에너지가 있다면 작은 광고에도 반응한다

출판업계에는 때때로 작위적으로 책을 구입하는 경우가 있습니다. 서점 매출 순위의 상위권을 차지하고 싶다는 생각 탓에 '대량 사재기'를 하는 것입니다. 그러나 이는 유감스럽게도 사물의 본질을 전혀 이해하지 못하는 행위라고밖에 말할 수 없습니다. 책이 팔리기 위해서는 에너지의 전파 현상이야말로 중요합니다. 일시적으로 판매 순위의 상위에 랭크된다고 한들 독자가 사줄 것이라고 생각하는 것은 어리석습니다. 그런 곳에 쓸데없는 노력을 들이지 말고 에너지량이 큰 책을 만든다면 제대로 입소문을 타서 알려질 것입니다.

최근에는 인터넷을 사용한 대대적인 프로모션 광고도 눈에 띄는데 이 역시 마찬가지입니다. 물론 인터넷 이용이 책의 존재를 알린다는 의미에서 효과적이라는 것은 틀림없다고 생각합니다. 다만 이번에도 쟁점이 되는 것은 책이 원래부터 내력을 가지고 있는가 하는 점입니다. 그 점을 분명히 파악하지 못하면 착각을 할 수도 있습니다. 독자가 입소문을 내고 싶어하는 책인지 아닌지 헷갈리게 되는 것이죠.

실제로, 정말로 힘이 있는 책이란 작은 광고 하나에도 독자로부터 반향이 있습니다. 신문기사 하단에 마련된 전체 5단 광고 공간 안에 폭이 몇 센티미터 정도의 매우 작은 광고라도, 그 책의 에너지가 크거나 타이틀이 머릿속에 들어오는 것이라면 독자에게 전해집니다. 이같은 의미에서 광고가 할 수 있는 역할이란 상품의 판매를 조금 후원해주는 정도라고 생각합니다. 그 후원이 일정 부분 이상의 반향을 불러일으켜 준다면 책의 성장 정도에 맞춰서 또 힘을 들여가면 됩니다.

지금까지 책의 에너지에 대해 말해왔는데, 잘 생각해보면 원래 자연계는 에너지에 의해 이루어져 있는 것일지도 모르겠습니다. 지구는 태양의 압도적인 질량(에너지)에 의해 지배를 받아 태양의 주위를 돌고 있고, 달이 지구의 주변을 도는 것도 마찬가지 원리입니다. 그런 시각으로 세상의 다양한 현상을 관망해가면 의외로 재미있는 깨달음을 얻게 될 수도 있습니다.

지금껏 계속해서 '에너지, 에너지' 하고 반복하는 통에 저를 시끄러운 사람이라고 생각할지도 모르겠는데, 얼마 전 스무 살 때 만난 친구로부터 이런 말을 들었습니다.

"자네는 학창시절부터 늘상 에너지, 에너지라는 말을 했었지."

아무래도 저는 원래부터 에너지에 반응을 잘하는 체질이었던 모양입니다. 그런 의미에서는 정말로 행복한 일을 하고 있는 것이겠지요.

아이디어는 자연의 이치에서 얻는다

'손안에, 한 권의 에너지'라는 말을 전 직원이 모여 함께 만들어내는 작업과 병행해 경영 이념을 확고히 하는 일에도 착수를 했습니다. 이 일은 경영자인 제가 맡았는데, 많은 사례를 공부하면서 1년 반 정도의 시간을 들인 끝에 다음과 같은 문장에 도달했습니다.

'천지자연의 이치에서 배운다.'

책이 히트할 것인지 아닌지, 사업이 잘 풀릴 것인지 아닌지, 나아가 일본이라는 나라의 미래까지도 모든 것이 '천지자연의 이치'하에 성립되어 있다는 생각이 듭니다. 저는 이같은 이야기를 직원들과 자주 공유했습니다. 그래서 '천지자연의 이치에서 배운다'를 경영 이념으로 삼아, 천지자연의 이치에 반하는 일을 해서는 안 된다는 생각을 중요시하고자 했습니다. 어떤 의미에서는 삶의 방식이 되는 지침도 포함해서 결정한 것이 바로 이 경영 이념이었습니다.

저는 있는 그대로의 모습을 소중히 여기고 가능한 한 똑바르고 정직하게 다양한 일을 하려고 합니다. 타인의 기운을 북돋아주고 격려해주며 용기를 주는 책을 만들고자 합니다. 누구라도 인생에는 괴로운 일이 상당히 많은 법입니다. 그렇기 때문에 그런 독자의 인생에 다가설 수 있는 책을 만들려고 합니다. 그래야 바로 '사회가 필요로 하는 회사'가 될 수 있다고 생각합니다. 그렇기 때문에 아무리 잘 팔릴 것 같다고 해도 거짓 내용, 혹은 타인에게 상처를 주는 내용, 선정적인 내용의 책은 만들지 않습니다. 버드나무 아래에 있는 미꾸라지를 노리듯 재탕을 하지도 않습니다. 그것은 올바른 일이라고 생각하지 않기 때문입니다.

예를 들어 스캔들을 내세운 책이 히트하는 일이 있습니다. 돈이 되고 수익이 오르니까 좋지 않느냐는 사고방식도 있을 수 있겠지만 저는 그렇게 생각하지 않습니다. 스캔들을 내세우는 것은 어딘가에서 타인을 상처 주고 있는 일이라고 생각합니다. 이런 내용을 담은 책은 나쁜 파동을 일으키고 있다는 생각에 참을 수가 없습니다. 세상의 올바른 모습을 해칩니다. 결과적으로 출판사에는 부정적인 영향으로 나타난다고 제 나름대로 생각하고 있습니다. 그러므로 어떤 상품이든지 간에 회사의 운을 좋게 하는 상품인가 나쁘게 하는 상품인가에 대해 충분히 고려해야만 합니다.

저희는 힘을 다해서 회사의 운이 좋아지는 책을 만들고 싶습니다. 독자를 치유하고 기운을 북돋아주고 깨닫게 하고 변화로 이끄는 책을 출판하고 싶습니다. 독자들이 진실로 좋아하는 책을 계속 내면 실적은 자연스럽게 유지될 것입니다. 만약 그렇지 않으면 직원도 일을 하면서 보람을 느끼지 못하겠지요. 실례를 무릅쓰고 말한다면, '스캔들을 뒤쫓는 일을 하고 있는 사람들은 표정이 어떻게 바뀌어갈까' 하는 걱정이 되기도 합니다. 자신의 일은 제쳐놓고, 남의 결점과 나쁜 부분만을 찾으려는 장사를 하면서 진짜 좋은 인생을 보낼 수 있을까요. 자신이 하는 일은 과연 진정으로 세상에 공헌을 하고 있는지, 그 일은 정말로 세상에 필요한 일인지에 대해서 각자가 반드시 스스로에게 던져야 하는 질문이라고 생각합니다.

상승 곡선과 하강 곡선, 직원의 바이오리듬을 존중한다

천지자연의 이치는 영업 면에서도 마찬가지입니다. 출판업계에서는 광고 등에 게재하는 부수를 실제보다 늘려서 더 많이 팔리고 있는 듯 보이게 하는 일이 자주 있었지만, 저희는 그런 일은 하지 않습니다. 부수를 정확하게 발표합니다. 서점에서 들어

오는 주문에 대해서도 원칙적으로 희망한 권수를 납품하는 것을 원칙으로 합니다. 서점 관계자의 의중을 살피는 일 같은 것은 하지 않습니다. 그렇게 해버리면 서점 측에서 불필요하게 양을 늘려서 주문하는 일이 생깁니다. 그것은 최종적으로 옳지 않은 결과를 가져옵니다.

세무신고와 관련해서도 기업 입장에서의 절세는 하고 있지만 어쨌든 정직하게 신고를 합니다. 절묘하게 처리해서 속이거나 하지 않습니다. 힘을 다해서 자연스럽게 일한 다음에, 성과가 나오게 하려면 어떻게 하면 되는가를 생각해나가고 싶습니다. 이는 조직운영 면에서도 마찬가지입니다. 전 직원에게서 언제나 한결같이 히트작이 나오고 성과가 나오는 상황이 아니어도 괜찮다고 생각합니다. 누구에게라도 컨디션이 나쁠 때가 있는 법이으로 그럴 때는 일을 조금 줄여서 해도 상관없습니다.

편집자에게도 바이오리듬이 있습니다. 각자에게 좋은 일도 있고 나쁜 일도 있는 것은 당연합니다. 그래서 저는 모든 편집자가 '항상 최고의 위치에 있기를' 바라지 않습니다. 자연의 흐름에 따라 매우 좋은 위치에 있는 사람도 있고 중간 부근에 있는 사람도 있으며 밑에 있는 사람도 있습니다. 상승 곡선을 길게 타는 사람도 있고, 하강 곡선에 오래 머무르는 사람도 있습니다. 5년이고 10년이고 계속 이렇다 할 활약이 없다는 점은 비록 곤란하기는 하지만 때가 오기를 기다리는 것이 중요하다고 생각합니다.

불가사의하게도 오랫동안 히트작이 나오지 않았던 편집자가

'이건 될 거야'라고 생각하기 시작하는 타이밍이 있기도 합니다. 히트작이 나오기 시작하면 연속으로 나옵니다. 저조했던 사람이 히트작을 만들면 마찬가지로 저조했던 다른 사람에게서도 히트작이 나오게 되는 경우가 있습니다. 거꾸로, 히트작을 냈던 사람이 잠잠해지는 일도 일어납니다. 실제로 이런 식으로 바이오리듬이 움직여가는 법입니다.

저는 결국 천지자연의 이치에 따른 경영 방법, 말하자면 자신만의 삶의 방식을 취해가는 것이 가장 합리적인 일이 아닐까 하고 생각합니다. 그에 반하는 일을 하면 결국 보복이 돌아옵니다. 무리하게 칠한 페인트는 벗겨집니다. 주위 사람에게 좋은 평판을 받으려고 표면적으로 보이는 일을 그럴싸하게 해내더라도 자신만의 삶의 방식이 없다면 전혀 의미가 없습니다.

본연의 모습을 토대로 전략을 세운다

천지자연의 이치와 함께 제가 소중하게 생각하는 말이 있습니다. 그것은 바로 '본연'으로 '본래 그대로의 상태'라는 의미입니다. 물론 일상 생활에서 그다지 자주 사용되는 말은 아니지만, 누구에게라도 본연은 있는 법입니다. 어떤 때에도 본연에 맞게 살아가면 자연스럽게 스트레스도 느끼지 않고 일을 해나갈 수 있습니다. 쉽게 말하면 '그 사람다움'의 근간에 있는 것이라고 본연의 뜻을 받아들여도 좋습니다.

특히 제로에서 무엇인가를 만들어내는 일에 본연만큼 중요한 것은 없습니다. 저자도 편집자도 스스로 본연을 깊이 파고들지 않고 뭔가를 시작하는 것은 불가능하겠지요. 저자로서의 본연,

편집자로서의 본연을 확인하는 것. 그리고 각자의 본연이 교차하는 부분에서 일을 하면 그 지점에서 생긴 생산물인 책은 에너지를 가지게 되지 않을까요?

다시 한번 말하자면 수많은 출판사에도 출판사마다 각자의 본연이 있을 것이므로 그들 3자의 본연이 교차하는 지점에서 완성된 생산물은 한층 더 에너지를 키운다는 것이 가설입니다. 본연은 '강점'이라는 단어로도 바꿀 수 있으며, 본래 그 사람에게 가장 '차분한 상태', '무리하지 않아도 지닐 수 있는 자세'라는 말로도 표현할 수 있을지 모릅니다. 본연이야말로 항상 지키려고 해야 합니다.

편집자의 경우, 당연히 각자 자신 있어하는 장르도 있고 그때까지 길러온 기반과 네트워크도 있습니다. 그곳에 본연이 있다고 한다면 그것을 소중히 여기면 되는 것입니다. 이와는 달리 본연을 무시하고 본래 그렇지 않은 일을 하려고 하면 일이 잘 풀리지 않습니다. 실패하는 케이스는 어쩌면 자기답지 않은 일에 발을 들여놓고 거기에 너무 많은 힘을 쏟아버린 결과인 경우가 많은 것 같습니다.

앞에서 편집자 한 사람 한 사람의 바이오리듬과 운명 곡선을 무리하게 바꾸려 하지 않는 편이라고 썼는데, 결국은 각자가 본연을 중요시해서 판단해주면 된다고 생각하기 때문입니다. 결과적으로 회사가 좋은 모습으로 운영될 수 있으면 됩니다. 그렇게 하면서 각자 본연을 살리면 자신 있는 일에 실력을 발휘할 수 있고, 회사로서도 다양한 성과를 창출해낼 수 있을 것이라고 생각합니다.

편집자 특권으로
빅히트를 기록한 책

편집자 특권으로
빅히트를 기록한 책

본연에 따라 일을 하면 역시 결과를 내기가 쉽습니다. 그같은 관점에 따라 저희는 '편집자 특권'이라는 것을 마련하고 있습니다. 도서 기획은 대체로 사내 기획회의에서 상의해 편집장에게 승인을 받아야 하는 것이 당연합니다. 그러나 선마크 편집자에게는 일 년에 딱 한 권, 반드시 이 책은 만들고 싶다는 것이 있다면 기획회의에 올리거나 편집장의 허락을 받지 않더라도 출판할 수 있다는 특권이 있습니다.

실은 85만 부라는 빅히트를 기록해 영화화도 되었던 2015년에 간행된 가와구치 도시카즈의 《커피가 식기 전에》는, 편집자 이케다 루리코 씨의 편집자 특권에 따라 만들어진 한 권이었습니다. 책이 간행되기 4년 전, 그녀는 우연히 친구와 함께 저자인 가와구치 선생의 연극을 보고, 그 자리에서 너무 감동받아 소리 내어 울며 그 무대의 연극을 어떤 일이 있어도 '책으로 만들고 싶다', '소설로 만들고 싶다'는 생각을 했다고 합니다. 그러나, 저희 회사는 소설이라는 장르에 강한 회사가 아니었습니다. 그런저런 이유로 당시 기획회의에 올랐지만 편집장의 허락을 받지는 못했습니다.

그럼에도 불구하고 반드시 내고 싶어서 그녀는 편집자 특권을 사용한 것입니다. 다만, 저자에게 제의를 했지만 가와구치 선생은 무대 각본가이고 연출가이지 소설가는 아니었습니다. 그래서 원고가 완성될 때까지 몇 번이고 원고를 주고받아 실제로 3년이라는 세월이 걸렸습니다. 이케다 씨는 원고의 내용이 납득이 될 때까지 계속 버텼던 것입니다. 그 정도로 무대에서 감동을 받았기에 많은 이들에게 이 이야기를 알려주고 싶다고 생각했을 것입니다.

드디어 원고가 완성되었을 때 편집장은 구로카와 세이치 씨로 바뀌었습니다. 편집자 특권으로 완성된 원고를 구로카와 씨가 실행하라는 지시를 내렸습니다. '그때 이렇게 했으면 좋았을 것을', '그 사람에게 좀 더 이런 말을 했다면 좋았을 것을' 같은 '후회'가 테마인 책이었는데 구로카와 씨 자신이 약 10년 전에 부모님이 돌아가시고 많은 후회를 했다고 합니다. 원고를 읽고서 그 당시가 생각났다고 하는데, 한편으로 조금은 그 후회가 덜어진 것 같다는 기분이 들었다고 합니다. 많은 독자들도 어쩌면 그렇게 받아들일 수 있을지도 모른다는 느낌을 받았던 것이겠지요.

⠿

　초판은 7,000부를 찍었습니다. 이케다 씨의 생각에는 2회 정도 증쇄를 하게 된다면 좋겠다는 마음이 있었고, 한편으로는 '서점 대상을 받고 싶다'는 허황된 기대를 하고 있었습니다. '서점대상' 이란 신간 소설 중에 가장 뛰어나다고 생각되는 책을 서점 직원 의 투표로 결정하는 상입니다. '재미있었다', '고객에게도 권하고 싶다', '우리 서점에서 팔고 싶다'라는 기준으로 투표를 하며, 책 에 관련된 많은 상 중에서도 매년 가장 주목을 받으며 반향도 큰 영광스러운 타이틀입니다. 전통 있는 많은 문학 출판사가 매해 격전을 벌이는 최고봉의 레이스입니다.

　업계 사람의 입장에서 보면 '문외한이 뭘 안다고 그래?' 하고 쏘아붙이고 싶어졌을 것이라고 짐작됩니다. 간행 후에 당장은 야단스러운 움직임이 없었지만, 이케다 씨가 미니 이젤과 미니 흑판을 조합시킨 정말로 정교한 판촉용 경품을 공들여 만들었습 니다. 하나하나를 손수 만들어 전국 서점에 보냈습니다. 이것이 작품의 세계관을 멋지게 표현해서 평판을 불러일으킨 것 같습니 다. 그리고 조금씩 판매에 불이 붙기 시작했습니다.

　최초의 큰 움직임은 도호쿠(東北)에 있는 서점으로부터 주문이 늘어난 것이었습니다. 그런 까닭에 구로카와 씨는 도호쿠의 서 점까지 상황을 보러 가고 싶다고 말했습니다. 듣자 하니 구로카와 씨와 이케다 씨, 영업과 광고담당자 2명을 포함해 총 4명이 가고 싶다는 것입니다. 상황을 살피러 가는데 4명이나 간다는 것이 많은 것 같다는 생각도 들었지만 '뭔가 노리는 바가 있겠지' 하고 기꺼이 허락을 했습니다. 상대 서점 입장에서 보면 4명이나 되는 직원이 일부러 도쿄에서 찾아오는 것입니다. 구로카와 씨는 서점 측의 대응도 바뀔 것이라고 이미 읽고 있었을지도 모릅니다.

실제로 정말로 그렇게 되었습니다. 주문이 더 늘어난 것입니다. 도호쿠는 동일본 대지진의 상처가 아물지 않은 곳입니다. 어쩌면 책의 메시지가 그곳에 감동을 준 것일지도 모른다는 생각도 출장을 통해서 느꼈다고 합니다. 그 후 구로카와 씨 일행은 히로시마(広島)에도 가고 싶다고 했습니다. 상실감이라는 감정에 호의를 가질 수 있는 장소로 히로시마를 선택했다고 합니다. 이것이 또 통한 듯 대량 주문으로 이어졌습니다.

이 책의 경우는 이렇게 지방에서부터 조금씩 불길이 올라와 서서히 도심지에서도 팔리기 시작하는 드문 패턴을 보였습니다. 저 역시 간행 후 수개월이 지나, '이 책은 잘 팔릴 것 같다'고 느껴 증쇄에 박차를 가하기 시작했습니다. 그리고 서점대상의 후보에 오른 것이 기폭제가 되었고 이어서 영화로 만들어졌습니다. 애석하게도 대상은 놓쳤지만 후보 작품이라는 이유로 서점에서는 크게 다루었습니다.

본서의 첫머리에도, 우선은 '그렇게 생각할 것'이라는 말을 썼는데, 이를 이케다 씨가 실천한 것입니다. '서점대상을 받는 일 같은 건 있을 수 없어'라고 생각했다면 후보에 오르는 일은 없었겠지요. 영화로도 만들어진 덕분에 《커피가 식기 전에》는 85만 부의 스테디셀러가 되었습니다. 해외로 수출되어 대만에서 10만 부를 돌파한 것을 시작으로 영국에서도 반년 가까이 문학 번역서 시장에서 상위권를 독점하는 등 큰 물결이 계속 일고 있습니다.

본연의 모습에 집중해
일구어낸 성과

⋮

《커피가 식기 전에》의 히트 후에도 구로카와 씨와 이케다 씨가 중심이 되어 사내에서 문학서 스터디 모임을 가졌다고 합니다. 이들은 소설의 타이틀, 장르, 띠지, 광고 방법을 철저하게 연구했습니다. 서점에는 문학서를 저자 이름순으로 진열하는 경우가 많습니다. 저자인 가와구치 도시카즈 선생의 이름은 '가' 행이므로 '가' 자가 붙는 작가의 작품에는 어떤 것이 있는지까지 알아냈습니다.

또한 손수 만들어 준비했던 경품에 대해 소개를 했는데, 구로카와 씨에 따르면 이케다 씨가 이 책을 팔기 위해 생각해낸 방법은 100가지 이상이라고 합니다. 할 수 있는 일은 어쨌든 끝까지

해보고 그것을 완수했습니다. 경품 하나를 보내도 어떤 시간대의 택배로 보내야 지방의 영업 담당자가 움직이기 쉬울까, 거기까지 생각하고 일을 했습니다.

소설이야말로 실은 이케다 씨에게 본연이었다고 알게 된 것은 그 후였습니다. 그녀가 소설을 담당한 것은 처음이었지만 원래 '소설 광'이라 할 정도로 소설 애호가였다는 사실을 알게 되었습니다. 초등학교 3학년 무렵부터 무려 연간 300권의 소설을 계속 읽어왔다고 합니다. 게다가 지금도 그 사실에는 변함이 없습니다. 이 이야기는 마침 그녀의 어머니를 만날 기회가 있어서 듣게 된 것입니다. 이케다 씨는 어릴 때부터 소설을 읽기 시작하면 말을 걸어도 대답조차 하지 않는 아이였다고 합니다. 최근에야 겨우 그것은 책 읽기에 너무 집중을 해서 말소리가 들리지 않았던 것이라는 점을 알게 되었다고 말씀하셨습니다.

다만 이 이야기는 이케다 씨가 이 책을 만든 후에 들었기 때문에 저는 그제야 가까스로 그녀의 본연이 무엇인지 알게 되었습니다. 그때까지 이케다 씨는 비즈니스서와 자기계발서 장르에서 몇 권의 히트작을 만들었지만 이 정도로 히트한 책은 없었습니다. 85만 부라는 성공을 이룬 것은 물론 그녀의 필사적인 노력도 있었지만 그녀의 본연이었기 때문에 가능했다고 생각합니다.

2002년에 간행되어 10만 부를 넘는 히트작이 된 책으로《자살이라고 말할 수 없었다(自殺って言えなかった)》가 있습니다. 부모의 자살로 남겨져 '아시나가 육영회'로부터 지원을 받고 있는 대학생과 전문학교생 13명의 체험을, 이후에《원인과 결과의 법칙》과 그림책《덕분입니다》,《생명 축제》,《이어져 있어요》등의 베스트셀러와 스테디셀러를 담당한 스즈키 나오키 씨가 편집을 했습니다. 이 책을 읽고 나서 자살을 단념하고 뭔가를 시작했다는 사람이 전국적으로 많이 나와서 큰 화제가 된 책이었습니다.

이 책이 세상에 나왔을 때 저는 복잡한 심경으로 책의 판매 동향을 지켜보고 있었습니다. 실은 제 자신이 초등학교 5학년 때 둘째 형을 자살로 잃었습니다. 당시 형은 대학교 문학부 학생이었습니다. 어제까지 아무 괴로움도 없이 생활하고 있는 것처럼 보였던 둘째 형이 갑자기 생명을 끊었습니다. 유서도 없고 친구한테 상담하는 일도 없이 떠났기에 자살의 이유를 알 수 없었습니다. 그 일이 가족의 고통을 더욱 무겁게 했습니다.

막 11살이 된 소년에게도 떠올릴 때마다 소리를 지르고 싶게 만드는 사건이었습니다. 근처 악동들에게 이 사건으로 놀림을 당하는 것도 괴로운 일이었습니다. 놀리는 아이들은 시간이 지나면 잊고 말겠지만 저는 그렇지 않았으니까요.

형의 자살로부터 3년 후, 중학교 2학년 때 읽은 한 권의 책이 심금을 울린 일을 지금도 기억합니다. 로맹 롤랑의 《장 크리스토프》입니다. 가와데쇼보신샤에서 나온 세계문학전집으로 본문이 2단으로 구성된 총 3권의 장편입니다. 베토벤을 모델로 삼았다고 알려진 '교양소설(Bildungsroman, 인간적 성장을 그리는 소설)'로, 가혹한 운명을 짊어진 주인공이 한 걸음 한 걸음 앞으로 나아가는 모습을 그린 작품입니다. 그 안에 이런 에피소드가 있었습니다.

훗날 음악가가 되는 주인공이 가난한 생활을 하는 가운데 선생이 주인공을 오페라에 데리고 갑니다. 오페라가 매우 훌륭해서 그는 감격을 합니다. 그 후, 음악을 열심히 공부해서 연극 관람을 상으로 받게 되어 구경을 갔는데 그 장면에서 한 말입니다.

"연극 구경 후에 1주일의 반은 연극의 감동을 가슴에 새기며 살고, 나머지 반은 앞으로 보러 갈 오페라만을 생각하며 살았다."

이미 반세기 이상이나 된 예전의 일이지만, 지금도 선명하게 기억합니다.

'얼마나 근사한 문장인가. 이 같은 자세로 살아간다면 대부분의 일은 극복할 수 있지 않을까?'

이 문장으로 대표되는 작가의 사물에 대한 시각, 사고방식이 전편을 관통하며 그것이 독자에게 끝없는 힘을 주고 있는 것처럼 느꼈습니다. 형의 죽음 후, 마음속을 차지하고 있던 응어리가 가벼워진 듯한 기분이 든 것과 동시에 '앞으로 나는 이것으로 살아갈 수 있겠다'는 생각이 마음 깊은 곳에서 끓어올랐던 것입니다. 선명하고 강렬한 독서 체험이었습니다.

그건 그렇고, 다시 《자살이라고 말할 수 없었다》로 돌아가보겠습니다. 이 책은 제가 사장으로 취임했던 해에 출간되었는데, 당시에도 저는 정말로 책의 제목과 마찬가지로 '자살이라고는 말할 수 없었습니다.' 그에 대해 자연스럽게 이야기할 수 있게 된 것은 그로부터 10년 이상이나 지난 60대 중반이 되고 나서부터입니다. 아마 어떤 것도 마찬가지겠지만, 마음의 상처가 아물기 위해서는 길고 긴 시간을 필요로 한다는 것이겠지요.

본연으로 이야기를 돌리면, 어쩌면 소년 시절에 경험했던 일이 재수 시절에 진로를 변경하고 직업을 선택할 기회가 있을 때마다 잠재의식 속에서 작용해 이 길을 선택하게 했을 가능성이 있을지도 모르겠습니다. 그리고 사람들의 기운을 북돋아주고 격려를 해주며 상처를 치유할 수 있게 하는 책을 내는 것, 그것이 점차 제 자신의 본연이 되었다고도 말할 수 있습니다.

좋은 콘텐츠는 힘든 인생에 다가간다

2만 장 이상의 애독자 카드를 읽고
새삼 알게 된 사실

　저희는 삶의 방식과 더불어 사람의 몸과 마음에 관련된 책을 많이 출판했습니다. 그 과정에서 강하게 느꼈던 것은 '사람은 괴로워하는 존재다'라는 사실입니다. 마음에서부터 그런 생각을 하게 된 것은 《뇌내혁명》이 계기가 되었습니다. 저는 책에 끼워져 있는 애독자 카드가 회신되어 오면 한 장 한 장 읽는 습관이 있는데 이는 매우 큰 즐거움입니다. 애독자 카드는 대체로 책이 200권 팔리면 1장이 되돌아온다고 합니다. 410만 부나 되는 베스트셀러였기 때문에 아마 이 책의 몫만으로도 2만 장 이상이었을 애독자 카드를 훑어보게 되었습니다.

　《뇌내혁명》은 마음을 평온하게 하는 긍정적 사고를 하면 뇌내

모르핀의 작용에 따라 건강해진다는 사실을 많은 증세의 예를 기반으로 하여 소개한 책입니다. 그래서 '이 책을 읽고 내 고민이 해소되었다', '긍정적 사고를 하게 되어 정말 좋았다'는 내용의 애독자 카드가 많이 도착했습니다.

그것들을 읽어보면서 새삼스럽게 알게 된 것은 사람은 실로 여러 가지 일로 괴로워하고 있다는 사실입니다. 길을 가는 사람들을 보고 있으면 아무 일도 아닌 듯, 아무 일도 없는 듯 걸어가는 것처럼 보입니다. 타인은 그런 사람들 각자에게 여러 괴로움이 있을 것이라고는 생각하지 않습니다. 저도 그때까지는 그런 식으로는 생각하지 않았습니다. 그러나 많은 애독자 카드를 보고 그런 일은 없다는 것을 알게 되었습니다. 길을 가는 사람 각자에게는 각각의 깊은 괴로움이 있다는 것을 뒤늦게 깨달았습니다.

본인 자신의 마음과 몸이 괴롭지 않아도 간병으로 고민을 하거나, 자식의 진로문제로 걱정을 하는 등 괴로움의 원인은 정말로 끝이 없습니다. 그것을 머리로 이해한 것이 아니라, 거의 300장이나 되는 방대한 양의 카드를 매주 접하며 그 물량을 통해 체감했습니다. 동시에 그런 사람들이 강하게 필요로 하는 책을 내고 싶다고 생각했습니다. 사람들에게 앞으로 나갈 용기를 줄 수 있는 책, 어려움을 겪는 인생에 다가설 수 있는 책을 계속 내고 싶다고 말입니다.

2011년에 출간한 토르스텐 하베너의《나는 네가 무슨 생각을 하는지 알고 있다》는 원래 비즈니스맨을 의식하고 만든 책이었습니다. 그런데 통상적인 비즈니스서를 훨씬 능가하는 판매세를 보였습니다. 그러면 어떤 층이 구매를 했을까요?

여기 상징적인 에피소드가 하나 있습니다. 어떤 역 구내 서점에서 여고생 3명이 서서 이 책을 읽으며 이야기를 하고 있었다고 합니다. 그중 한 명이 갑자기 '나 이 책 살래' 하고 말을 꺼내자마자 나머지 2명도 함께 책을 구매했다는 것입니다. 1,500엔이라는 가격은 학생들의 용돈 사정을 감안하면 결코 싼 금액이 아니었을 것입니다. 그러나 그들은 책을 들고 계산대로 향했습니다.

'마음을 투시한다'고 하는 이 책의 테마는 비즈니스 종사자를 비롯한 성인층에서 깊은 흥미를 가질 것이라고 생각했습니다. 그러나 실제로는 여고생들에게도 유의미한 영향을 준 것입니다. 저는 그들이 구김살 없이 웃으며 지내는 풍족한 세대라고만 생각을 했는데, 사실은 자신의 모습이 타인에게 어떻게 보이는지 무척 신경을 쓰고 있었던 것이겠지요.

세상사는 많은 이들의 말과 달리 '사실은 안 그런 것 아닐까' 하고 생각할 수밖에 없는 상황이 생기는 것 같습니다. 저는 저희가 생각하는 이상으로 젊은이들이 살아가기 힘든 세상을 살고 있다는 것을 다시 한 번 알게 되었습니다. 당시 '젊은 사람들에게도 이 책이 통했다'며 좋아하고만 있을 수는 없는 복잡한 심경에 사로잡혔던 기억이 납니다.

확률이 달린 산업은
많이 필수록 많이 진다

책뿐만 아니라 음악과 영화, 게임 등도 마찬가지로 소프트 산업, 콘텐츠 산업에는 한 가지 숙명이 있습니다. 그것은 다산다사(多産多死)한다는 것인데, 많은 신규사업이 피었다가 대거 지기도 하는 일종의 '확률이 달린 산업'이라는 점입니다.

많은 상품이 세상에 나오고 그중 대부분은 사라져 갑니다. 모든 것이 히트를 하는 것은 전혀 아닐뿐더러 극히 일부가 빛을 봅니다. 그 어떤 콘텐츠라도 이같은 숙명에서 벗어날 수는 없습니다. 이를 반대로 말하면 그만큼 다양한 것이 많이 나오기 때문에 히트작이 생겨난다고 말할 수도 있겠습니다. '다산다사'가 두려우니까 조금만 만들어서 그것을 성공시키자고 생각하면 일이 잘 풀릴까 싶지만 결코 그렇지 않습니다.

다산다사에서 '사' 부분의 리스크를 얼마나 잘 관리할 것인가 라는 점도 분명 중요한 사고방식이지만, 그것이 소비자에게 받 아들여지는지 여부는 또 다른 이야기입니다. 역시 숙명으로부터 는 벗어날 수 없습니다. 콘텐츠 산업에서 중요한 것은, 다산다사 안에서 어느 정도의 점수를 내갈 수밖에 없다는 각오를 다지는 것입니다. 그리고 다산다사이므로 히트할 가능성이 나올 것 같 은 상품을 만난다면 일 처리를 과감하게 해야 합니다.

상품이 시장에 나오면 다양한 의견이 들립니다. 거기에 철저 하게 안테나를 세우고 반응을 파악해야 합니다. 그렇게 하면 조 짐과 변화를 알아차릴 수 있게 됩니다. 그것을 감지하는 센서가 작동합니다. 그리고, 조짐을 파악했다면 적극적으로 수단을 강구 해야 합니다. 저는 이런 것들을 해야만 콘텐츠 산업으로서의 강 점을 살릴 수 있다고 생각합니다. 그러므로 과거의 베스트셀러 가 모두 그렇지만, '이것이다' 하는 반향의 조짐을 느꼈다면 주저 하지 말고 적극적인 대책을 세워야 합니다. 앞서 업계 최초로 전 철 승강장 문 옆의 광고를 시작했다는 이야기를 했는데, 그것은 작은 기회를 최대화시키는 한 가지 방법이었습니다.

한정된 것만이 히트를 하고 성장해가는 세계. 그렇기 때문에 '바로 이거야!'라고 생각한다면 가능한 한 파고들어가야만 합니 다. 전례에 사로잡히지 않고 대담하게 승부에 나서야 합니다. 그 렇게 함으로써 동향이 바뀌어가는 것입니다.

예를 들면 신문에 전체 5단짜리라는 큰 광고를 냈다고 합시다. 그럴 경우 어떤 책을 광고하더라도 동일한 반향이 나오는 게 아니라 결과는 완전히 다릅니다. 2배, 3배가 아니라 5배, 10배, 때로는 100배 정도의 반향이 나타나는 경우도 있습니다.

저희 회사에서는 제작부가 매월 광고비를 포함해서 아이템별로 수입과 지출을 자세하게 발표하고 있습니다. 그것을 살펴보면 무리하게 광고비를 투입했기 때문에 적자가 되고 마는 책도 나온다는 것을 파악할 수 있습니다. 그렇기 때문에 담당 편집자로부터 '이 책을 좀 더 광고해주면 좋겠다'는 의견은 그다지 나오지 않습니다. 책의 성장 정도와 스피드를 낼 수 있는 시기를 일치시키는 것이 매우 중요하다는 공통된 인식을 가지고 있기 때문에 작은 아이에게 교복을 입히는 듯한 일은 피하고자 합니다.

저희 회사가 계속해서 야단스럽게 광고를 하는 회사라는 인상을 가질 수도 있습니다. 그러나 매일의 판매 현황이나 독자의 반향, 책의 반응에 대한 조짐을 확실히 파악하는 데는 광고만 한 것이 없습니다. 그러기 위해서는 당연하지만 착실한 분석이 반드시 필요합니다.

출판시장이야 불황이라 불린 지 오래되었지만, 소프트 산업 전체가 지금 힘겨운 상황에 있습니다. 소비자의 시간을 두고 스마트폰을 필두로 한 모든 매체가 서로 쟁탈전을 벌이고 있습니다. 히트작도 나오기 어려워졌습니다. 이는 출판뿐만이 아니라 TV의 시청률 등에서도 단적으로 조짐이 나타나고 있습니다. 가치관이 저마다 다양해지고 색다른 즐길 거리가 늘고 있습니다. 하지만 그렇다고 해서 발걸음을 멈출 수는 없습니다. 지금의 상황 속에서 최고의 일을 하려면 어떻게 하면 좋은가를 집요하게 추구해갈 수밖에 없습니다.

중요한 것은 지금까지 없었던 새로운 가치를 만들어내는 일입니다. 그리고 바로 이것이라고 생각되는 일에 크게 발을 들여놓는 일입니다. 소프트 산업의 숙명을 인식하면서 세계를 염두에 두고 킬러 콘텐츠를 만드는 일에 도전해 나가야 합니다. 이를 실천할 힘이 약해져 있다는 사실도 불황이라는 악순환의 늪에 빠져 있기 때문이라고 생각합니다.

강점 속에서 나다운 것을 찾는다

⋮

강한 에너지를 가진 책을 만들기 위해서 중요한 것은 무엇일까요? 그것은 강한 에너지를 가진 저자의 책을 세상에 내보내는 것입니다. 이를 '선마크 출판 카드'에서는 '뛰어난 강점이 있는 저자인가?'라고 표현하고 있습니다. 저자에게 있어 저술은 그야말로 자신의 분신입니다. 책에서 자신이 쌓아왔던 인생이 그대로 배어 나옵니다. 또한 마땅히 그렇게 되도록 만들어야만 합니다.

기업 경영자와 개인 사업가들로부터 출판기획과 관련된 제안을 받는 일이 자주 있습니다. 그때 늘 말씀드리는 것은 '출판기획 운운하기 전에, 자신의 위치에서 뛰어난 압도적인 성과를 올리는 일이 먼저 이루어져야 합니다. 그런 것 없이 출판기획은 성립될 수 없습니다'라는 내용입니다. 이 말은 이쪽, 즉 편집자에게 도 그대로 되돌아온다는 것을 각오해야만 합니다. 편집자 역시 각자 타인에게는 없는 '뛰어난 강점'을 가지지 않으면 살아갈 수 없습니다.

그렇기에 더더욱 저자도 편집자를 선택해야만 한다고 생각합니다. 흔히 '의사와 변호사는 사람을 선택해라'고 말하는데 저는 거기에 편집자도 넣으면 좋겠다는 말을 하곤 합니다. 실제로 앞에서도 썼듯이 100명의 편집자가 있으면 100권의 책이 완성되는 것입니다. 따라서 같은 기획이라도 A라는 편집자가 낸다면 편집부 모두 OK 사인을 보내지만 B라는 편집자가 낸다고 하면 승인이 나지 않는 일이 일어날 수 있는 것입니다.

A에게도 B에게도 저마다 쌓아온 경험과 실적이 있습니다. 거기에는 반드시 '자기다움'이 있습니다. 실적과 강점으로 뒷받침된 '자기다움'과 일치하지 않는 기획을 제출해버리면 '그것은 당신답지 않아'라는 말을 듣게 되고 맙니다. 그러므로 저자가 되고자 할 때 자기를 담당하는 편집자의 '자기다움', 좀 더 말한다면 '뛰어난 강점'이 매우 중요합니다. 기획 자체는 무척 좋았는데도 그 편집자의 '자기다움'과 맞지 않았기 때문에 결과가 나쁘게 끝나는 경우가 일어날 수 있습니다. 그렇기 때문에 편집자를 선택해야만 합니다. 저자도 편집자도 그리고 출판사도 '선택하고 선택받는다'는 점에서 보면 계속 격전을 벌여야 하는 운명입니다.

여성은 매우 중요한 아군이다

⋮

저는 책의 성공 요건 중 한 가지 정도는 틀림없이 이 항목이 있을 것이라고 생각합니다. 바로 '여성에게 지지를 받는 것'입니다. 여성으로부터 응원을 받는 책이 되는 일은 매우 중요합니다. 즉, 여성이 아군이 되어줄 수 있는 내용을 담고 있다면 그 책에는 놀라운 가능성이 있다는 사실입니다. 이와 관련해서 잊혀지지 않는 경험이 하나 있습니다.

제1장에서도 언급을 했던 번역서인 《사소한 것에 목숨 걸지 마라》는 당초에 남성 비즈니스맨을 대상으로 한 자기계발서를 만들자는 계획에 따라 진행을 했었습니다. 그런데 책을 내고 보았더니 도쿄의 에비스(惠比寿)와 오이마치(大井町)의 유린도(有隣堂)

에서 눈에 띄는 결과가 나온 것입니다. 이곳은 모두 역 인근의 빌딩에 입점한 매장으로 여성 이용객이 무척 많은 서점인데, 책이 여성의 지지를 받고 있는지 여부를 확인할 때 지표가 되는 서점이기도 합니다.

그곳에서 갑자기 큰 반향이 있다는 사실을 알고서 이것은 여성이 읽을 책이다, 어쩌면 좀 더 책의 존재가 알려질지도 모른다고 느꼈습니다. 이같은 움직임은 당연히 다른 서점도 주시하고 있었습니다. 어떤 대형서점에서 이 책을 대대적으로 판매하고 싶다고 말한 것이었습니다. 그러자 출간했던 달에 500권, 다음 달에 830권, 그다음 달에는 1,050권 하는 식으로 날이 감에 따라 책을 주문하는 서점의 숫자가 늘어갔습니다. 그리고 이런 일이 일어나기 전에 제가 거의 무의식 중에 '이 책은 밀리언셀러가 된다'고 예언하는 듯한 메모를 썼다는 것은 앞서서도 말했습니다. 이는 《병 안 걸리고 사는 법》에서도 그랬지만 30만 부를 넘으면 여성 독자의 비율이 높아집니다. 게다가 고등학생, 중학생 등 저연령층까지도 확대되어 갑니다.

《삶의 방식(生き方)》의 경우에는 발행 시점에는 경영자와 기업 간부 등 압도적으로 남성 독자가 많았습니다. 그런데 판매가 늘어남에 따라 여성 비율이 높아져 현재는 전체의 40퍼센트까지 점유하게 되었습니다. 그리고 제2탄에 해당하는 《마음(心)》은 간행 9개월 만에 18만 부에 달했는데 독자의 70퍼센트가 여성이라는 데이터가 나왔습니다. 베스트셀러의 열쇠를 쥐고 있는 것은

역시 여성이라고 다시 한 번 생각했습니다.

여성들에게 하는 사탕발림이 아니라 저는 원래 여성 쪽이 남성보다 뛰어나다는 생각을 제 나름으로 가지고 있습니다. '자식을 낳아서 키우는 성'이라는 점에 있어서 세상의 변화와 사회의 흐름에 대해 민감한 센서를 가지고 있는 것 같습니다. 그리고 논리가 아니라 감각으로 다양한 것을 캐치합니다. 그렇기 때문에 보다 본질적으로 세상을 파악을 할 수 있는 것이 아닐까요? 그래서 저희는 여성에게 어느 정도의 지지를 받고 있는가를 늘 마음에 두고 있습니다. 그리고 타이틀과 디자인에서부터 책의 레이아웃까지 여성이 선택해서 구매할 수 있는 책인지 여부를 끊임없이 의식하고 있습니다.

저는 남성 편집자에게는 '여성성'을 절반 정도 가지고 있는 편이 좋다는 말을 자주합니다. 실제로, 히트작을 만들어내는 사람 중에는 여성적인 면을 겸비한 사람이 많습니다. 섬세함, 상대에 대한 배려, 정보에 대한 빠른 반응과 입소문을 내는 능력……. 모두 편집자에게 빠뜨릴 수 없는 자질입니다. 반대로 여성 편집자는 여성성뿐만이 아니라 남성성에 대해서도 의식을 하는 것이 좋습니다. 그렇게 함으로써 자신의 성을 뛰어넘는 일을 할 수 있다고 생각합니다.

환자에게도 통하는 것을 만든다

⋮

오랫동안 출판계에서 살아오면서 유감스럽지만 베스트셀러가 되는 방정식 같은 것은 존재하지 않는다고 믿게 되었습니다 한편, 크게 성공하는 책에는 공통된 요소가 있는 것도 사실입니다. 저는 그 요소가 5가지가 있다고 생각합니다.

첫 번째는 '놀라움을 주는 제목이다'라는 점입니다. 독자는 새로운 것, 지금까지 없었던 것, 즉 놀라움을 원하고 있습니다. 어딘가에서 본 듯한 것을 사려고 생각하지 않습니다. 어떤 점에서 놀라움이 있다든지, 제목에서 '새로운 가치'를 느낄 수 있다든지, 그런 식으로 받아들이게 하는 것이 중요합니다. 이에 대해서는 다음 장에서도 고찰해보도록 하겠습니다.

두 번째는 '몸과 마음의 치유, 건강과 관련되어 있다'는 점입니다. 앞에서도 거론했듯이 대부분의 사람들은 괴로움을 안고 있으며 몸도 마음도 지쳐 있습니다. 독자에게 '이 책 덕분에 치유가 되었다', '체형을 바꿀 수 있어 자신감을 되찾았다'는 목소리를 많이 듣는 책은 성장할 여지도 큽니다. 몸과 마음의 고민에 가만히 손을 내밀 수 있는 책은 역시 수요가 있다고 생각합니다.

세 번째는 '그것을 읽고 독자 스스로가 바뀐다'는 점입니다. 원래 편집자는 훌륭한 기획을 통해서 사회적으로 의미가 있고 독자의 공감도 얻을 수 있을 것이 분명하다는 확신으로 책을 만들려고 합니다. 그런데 좋은 책이라 하더라도 독자가 돈을 내고 구매하는 책이 되지 못하는 경우가 많습니다. '아, 좋은데' 하고 생각되는 내용이라도 독자 자신이 그 책을 읽고 변화할 수 있는 내용인가 하면 그렇지 않은 경우도 많습니다. 잘난 척하면서 이런 말을 쓰고 있지만, 여기에는 제 스스로 경계하는 마음이 있습니다. 사실 이같은 실수를 몇 차례나 질리지도 않고 반복하면서 오늘날에 이르고 있기 때문입니다.

크게 성공을 하는 도서에 공통되는 네 번째 요소는 '시골에서도 팔리는 책이다'라는 점입니다. 편집자는 자칫하면 세련된 책, 도시 생활에 적합한 책을 만들고 싶어합니다. 그러나, 잘 생각해 보면 일본에서도 미국에서도 사람들은 도시에 많이 모여 있지만 압도적으로 많은 사람이 살고 있는 곳은 지방입니다. 그러므로 지방에서의 판매는 큰 의미를 가집니다. '이 책이 과연 시골에서도 팔릴 수 있는가' 하는 질문은 매우 중요합니다.

그리고 다섯 번째가 앞서도 언급했지만 '여성이 응원하는 책'이라는 요소입니다. 남성은 책을 읽고 나서 좋았다고 생각해도 '아, 좋았어' 하고 끝나버리는 일이 적지 않습니다. 그러나 여성의 경우에는 좋았다면 '이 책, 좋았어'라며 타인에게 좋은 점을 전합니다. 남성과는 정보 제공력이 다른 것입니다. 남성의 몇 배나 되는 정보 제공력을 가진 독자는 귀중한 존재입니다.

이상으로 다섯 가지의 요소를 들었는데 이것들을 종합해서 생각해보면 하나의 키워드가 보입니다. 그것이 바로 다음과 같습니다.

'환자의 문병에 가지고 갈 수 있는 책.'

누군가가 입원해서 병원에 문병을 갈 때 가지고 가는 책을 선택해야 한다고 생각해보면, 의외로 많이 망설이게 됩니다. 내용이 너무 어려워도 안 되고 페이지 수가 많거나 무거운 책이어서도 안 됩니다. 사람의 마음이 어두워지는 책은 더더욱 안됩니다. 기운을 북돋워주면서 긍정적인 기분이 될 수 있고 페이지 수도 적당해야 합니다. 그런 책이 환자의 문병에 가져갈 수 있는 책이라고 생각합니다.

2010년에 도쿄 국제도서전 세미나에서 강연을 할 때 '환자의 문병에 가지고 갈 수 있는 책'에 대해 이야기한 적이 있습니다. 마침 98세의 시인 고(故) 시바타 도요의 《약해지지 마》가 히트하기 시작했을 무렵이었습니다. 출간 후 수개월 만에 20만 부를 넘었는데, 저는 이 책이야말로 문병을 갈 때 가지고 갈 수 있는 책이라고 느꼈습니다. 그래서 '올해 말까지 이 책은 틀림없이 크게 인기를 얻을 것입니다. 밀리언셀러가 될 거예요'라고 예언했습니다. 그러자 머지않아 NHK에서 이 책을 크게 다루면서 평판을 받았고 실제로는 새해 들어서 바로 밀리언셀러가 되었습니다. 그러나 예언은 보기 좋게 맞았지만 그 해 저희 회사의 실적은 너무도 좋지 않았습니다. 직원들한테 '사장님, 남의 회사 책에 대한 예언 같은 건 하지 마시고 제대로 된 성공작을 만들어 주세요'라고 야단을 맞았던 쓰라린 추억도 있습니다.

대박의 조짐을 읽고 키워간다

100만 부를
110만 부로 만드는 일의 가치

앞서 콘텐츠 산업은 다산다사이므로 새로운 것을 계속 만들어내야만 한다고 하기는 했지만, 그렇다고 해서 새로운 것만으로 히트작을 구축해야 하는 것은 아닙니다. 냉엄한 생존경쟁을 뚫고 베스트셀러가 된 책의 누적 부수를 늘려가겠다는 관점은 의외로 맹점이 되기 쉬운 것 같습니다.

제가 오랜 기간 유의해온 것 중 하나가 '누적 부수를 늘리는 데 결사적이 되자'는 마음입니다. 자주 하는 말이지만 완전히 제로에서 10만 부의 책을 만드는 것도, 100만 부의 책을 110만 부로 늘리는 것도 모두 같은 10만 부입니다. 당연하지만, 제로에서 10만 부의 히트작을 만드는 일은 쉽지 않습니다. 한편, 100만 부를 110

만 부로 만드는 것은 생각을 잘하면 어떻게든 됩니다. 게다가 그에 따라 신간 10만 부 이상의 가치를 회사에 가져다 줍니다.

이 또한 자주 하는 말인데, 증쇄 5만 부는 신간 10종에 상당합니다. 증쇄를 5만 부 하는 쪽이 이익율도 높습니다. 이는 책뿐만이 아니라 다른 상품에서도 마찬가지라고 생각합니다. 새로운 성공도 분명 중요하지만, 이미 성공하고 있는 상품의 누적 판매 부수를 한층 늘려가는 것은 더 중요합니다. 그리고 그를 위한 방법을 얼마나 집중해서 생각하고 있는지가 중요합니다. 이같은 사실을 충분히 의식하고 있는지 여부가 잘나가는 상품의 매출을 더 크게 신장시킬 수 있는가 아닌가를 좌우하는 결정타가 된다고 봅니다.

책을 출간되면 서점과 웹 사이트에서 해당 도서의 동향을 세심히 관찰합니다. 때로는 한 시간마다 체크를 하는 등 데이터와 현재 상황을 철저하게 마주 대합니다. 현장의 반응을 실시간으로 확인하면서 조짐과 변화를 파악하는 센서를 풀가동시켜 끝까지 생각합니다. 그리고 히트할 것이라는 조짐을 파악했다면 책을 소중하게 키워가면 되는 것입니다.

스테디셀러는 기업의 보물이다

⋮

  출판사 경영에 있어서 가장 두려운 것은 반품입니다. 서점의 주문이 '매절(소매점이 반품하지 않는 조건으로 상품을 할인받아 대량 구매하는 것 −옮긴이)'이라면 문제가 없지만, 통상은 '위탁'이라는 형태를 띄고 있기 때문에 전망이 빗나가면 그것이 반품으로 돌아오는 것입니다. 오죽하면 "출판사 사장을 죽이는 데 칼은 필요 없다, 사장 귓전에 대고 '반품, 반품'이라고 계속 속삭이는 것만으로 충분하다"는 말이 있을 정도입니다. 한편 《여자를 이해하지 못하고 먹고살아갈 수 있을까》의 저자 사쿠라이 히데노리 선생한테서는 이런 말을 들은 적이 있습니다.

  "우에키 사장님, 반품이란 구더기처럼 꾀는 거예요."

이는 출판 관계자에게 참으로 와닿는 말입니다. 실제로, 10년 전에 만든 책을 주문하는 경우는 좀처럼 없지만, 10년 전에 만든 책이 반품으로 되돌아오는 일은 있습니다. 되돌아오지 말라고 해도 되돌아오는 것입니다. 그러니 만약 반품이 어쩔 수 없는 일이라면, 거꾸로 10년 후에도 팔려나갈 책을 만들면 된다고 발상을 전환하기로 했습니다. 단적으로 말하면, 스테디셀러를 의식하며 책을 만드는 것입니다. 스테디셀러가 경영에 있어서도 더없이 중요하기 때문입니다. 오래 계속 팔리는 스테디셀러가 겹겹이 쌓여가면서 경영은 매우 안정되어 갑니다.

실제로 사장에 취임했을 때에는 스테디셀러 책을 얼마나 가지고 있는가가 그 기업의 생사를 쥐고 있다고 할 정도로까지 생각을 했습니다. 세상이 저희가 스테디셀러를 만드는 출판사라고 인식하기를 바랐고, 저희도 스테디셀러를 소중히 하자고 생각했습니다.

베스트셀러라고 하면 부수만이 주목을 받기 쉽지만, 오래 팔리지 않으면 역시 완성률(인쇄 부수에 대한 실판매율)이 좋지 않습니다. 100만 부를 인쇄해도 30만 부가 남아 버리는 일도 발생할 수 있습니다. 하지만 스테디셀러라면 독자들에게 계속 읽히기 때문에 그럴 걱정은 없습니다. 선마크 출판의 밀리언셀러 대부분은 완성률이 95퍼센트 이상이라는 경이적인 숫자를 남기고 있습니다. 그것은 '생명체'인 책의 호흡에 끊임없이 귀를 기울이며 수단을 강구해온 덕분인 동시에 기획에서 판매까지 일관되게 스테디셀러를 의식하고 있기 때문이기도 합니다.

예를 들면《뇌내혁명》은 1995년 6월에 나왔는데, 크게 인기를 얻은 것은 다음 해로 2년 이상에 걸쳐 계속 팔렸습니다. 또한《사소한 것에 목숨 걸지 마라》도 2년 연속해서 국내의 연간 베스트셀러 상위 10위권에 랭크되었습니다.《병 안 걸리고 사는 법》도 1년에 걸쳐 밀리언셀러가 되었고,《체간 리셋 다이어트》도 계속해서 신간이 나오는 다이어트 도서 시장에서는 드물게 출간 후 3년이 지난 현재에도 서점의 평대에 진열되어 있습니다. 2003년에 출간된《원인과 결과의 법칙》도 여전히 증쇄를 거듭하며 읽히고 있습니다. 스테디셀러를 목표로 하자는 저희의 의도는 서점과 독자에게도 전해지고 있을지도 모릅니다.

부수도 물론 중요하지만, 오래 읽히는 것도 중요하게 여기고 싶습니다. 그런 이야기를 했더니 출판업계지인 〈신문화〉의 마루시마 모토카즈 사장이 이런 말을 했습니다.

"우에키 사장님, 출판업계 사람들은 책의 발행일은 한 번뿐이라고 착각하고 있는 것이 아닐까요. 하지만 TV에서 소개되어 큰 파도가 일어난다면 그때를 두 번째 발행일로 삼으면 되겠죠. 또 저명한 사람이 추천을 해서 큰 물결이 친다면 그때를 세 번째 발행일로 삼는 것은 어떨까요?"

스테디셀러가 된 책의 발행일은 몇 번이고 재설정하면 되는 것이라는 이야기를 듣고 저는 깜짝 놀랐습니다 생각해보면 간행 후 몇 년이 지났어도 처음으로 그 책을 본 독자 입장에서는 그 날이 발행일이라고 해도 아무런 위화감이 없습니다. 첫 번째 발행일 때는 관심이 향하지 않았던 책이라도 두 번째 발행일에는 손을 뻗고 싶어지는 것처럼, 개별 독자에게도 변화가 일어나고 원래 독자층 자체가 순환을 하기도 하는 법입니다. 확실히 그렇다는 생각을 하고 나서부터는 제2의 발행일, 제3의 발행일을 의식하며 지금까지 해온 것 이상으로 스테디셀러를 만들기 위해 노력해가기로 했습니다.

밀리언의 법칙은 없다

성공은 영웅의 성과가 아닌
협력의 결실

⋮

밀리언셀러, 베스트셀러는 딱히 편집자 혼자 만드는 것이 아닙니다. 팀의 힘이라고 해야 할까, 지지해주는 타부서의 역량이 반드시 필요합니다. 실제로 제작부와 영업부에도 저희 회사에서 나온 8권의 밀리언셀러 모두에 관여를 해온 사람이 있습니다. 어떤 때에 어떤 일을 해야만 하는가, 그것을 아는 키맨(key man)이 각 부서에 있는 것은 매우 중요하다고 생각합니다. 서로 척척 맞는 호흡과 암묵지, 즉 체화된 지식이 있어 그것이 승부처에서 결정적인 방법이 되는 경우가 적지 않습니다. 게다가 그 암묵지는 감사하게도 거래처로 파급된다고도 볼 수 있습니다. 밀리언급 히트작의 경우는 때로는 한 번에 10만 부, 20만 부로 대대적인 증쇄를 찍는 경우가 있습니다. 대개 '긴급하게'라는 말이 덤으로 붙습니다.

이전에, 태풍의 여파로 인해 저희 회사에 주로 인쇄용지를 공급해주는 제지공장의 조업이 정지된 적이 있습니다. 그렇게 되면 거래처인 용지회사에게는 사활이 걸린 문제가 되고 맙니다. 다행히 이때는 용지회사 담당자가 사전에 대대적인 증쇄를 찍을 것이라는 기미를 알아차리고 전국에서 모든 수단을 강구해 종이를 수배해서 시간에 맞추어 주었습니다. 밀리언셀러라고 한마디로 간단히 말해도 이같은 일이 축적된 덕분에 이루어진 결과라는 사실을 잊지 않기 위해 늘 스스로를 경계하고 있습니다. 이는 인쇄소나 제본소도 마찬가지입니다

지금은 현실에서 웹으로 옮겨가는 시대의 흐름 속에서 유통사와 서점이 역풍을 맞고 있습니다. 그럼에도 불구하고 10만 부를 넘는 증쇄본을 유통사의 루트를 통해 며칠 사이에 전국 구석구석으로 보내고, 서점에서는 진열 공간을 마련해서 도착하는 대로 책을 판매합니다. 이는 정말로 대단한 일입니다. 이 같은 도움 위에서 저희의 성과가 쌓여왔다는 사실은 틀림없습니다.

유통사와 서점 관계자 사이에도 단순한 숫자 거래에 그치지 않는 암묵지의 영역이 있어, 책에 대한 반향이 얼마나 높아지는지 상황을 계속 뒤쫓아가면서 '다음 단계에 대한 예측'을 합니다. 그러면 신기하게도 업무 속도가 단번에 오릅니다. 이에 같은 사실에 입각하여, 책의 반향이라고 하는 물결이 일어났을 때에 숫

자의 추이와 그 책의 현재 상황을 판단한 후에 증쇄 결정과 광고 수배, 서점 및 유통사에 대한 고지 같은 일을 처음부터 끝까지 일관되게 매끄럽게 실행합니다. 거래처에서도 암묵지가 작용하여 제일 빨리, 정확하게 독자에게 책을 보내도록 조력을 해줍니다. 숫자와 독자가 가지고 있는 '열량'이 어느 정도인지 그 낌새를 매일매일 피부로 느끼면서 계속해서 성실하게 대책을 강구합니다. 평범한 말이지만, 그렇게 해야만 이후에 성과가 나오는 것입니다.

방정식은 없지만
성장 단계에 따른 전략은 있다

앞서 말한 요소를 포함해 밀리언셀러가 태어나기 위해서는 운명의 여신이 미소를 지어주어야만 합니다. 앞서 크게 성공을 하는 도서의 요소에 대해 소개를 했는데, 그 요소를 의식하면서 기획에도 원고에도 디자인에도 철저하게 매달려서 '바로 이렇게 하면 되겠다' 하고 생각을 해도, 그것은 어디까지 필요조건에 지나지 않습니다. 필요충분조건이 되기 위해서는 '무엇인가'가 없으면 안 됩니다. 무엇인가가 추가되지 않으면 운명의 여신은 미소를 지어주지 않습니다.

그렇다면 '무엇인가'란 무엇일까. 단적으로 말하면 저는 '잘 모르겠는 것'이라고 생각합니다. 이 '모른다'는 것이 중요한 요소로, 그것이 재미있는 점이기도 합니다. 그것을 모르기 때문에 더더욱 '필요조건을 어디까지 다 해내는가'라는 점이 역시 중요해집니다. 그렇게 함으로써 필요충분조건에 조금이라도 가까워질 수 있을 것입니다.

좀 더 말하자면, 저는 그 무엇인가에 대해서 아는 척을 해서는 안 된다고 믿고 있습니다. 아는 척을 한다는 것은 새로 만들어지는 것에 대해 어떤 의미에서는 모독을 하는 것 같다고 생각합니다. '이렇게 하면 밀리언셀러를 만들 수 있다' 같은 좋은 방법은 'A × B = C'와 같은 수식을 통해 만들 수 없습니다. 그것은 잘못된 것이 아닐까요? 천지자연의 이치에 반하고 있을 수도 있습니다.

어쩌면 그때그때의 시기와 타이밍도 그 한 가지일지도 모릅니다. 과거의 밀리언셀러라도 출판 시기가 반년 빨랐다거나 혹은 반년 늦었다면 실현이 되지 못했을 것이라는 관점도 있을 수 있겠지요. 알맞은 시기에 출간이 된다는 측면에서 책의 운도 있습니다. 책의 운이 좋은가 아닌가 하는 것이겠지요. 밀리언셀러의 방정식이라는 것은 없다고 했는데, 모든 책은 일종의 '생명체'이기 때문에 각각의 성장 단계가 있습니다. 제가 직원들에게도 자주 말하는 것이 '그 책의 성장 단계에 맞는 수단을 강구하자'라는 말입니다.

책이 급격한 기세로 성장하는 시기에는 주저하지 말고 손을 써야만 합니다. 타이밍을 재면서 실패를 두려워하지 않고 과감하게 결단을 하는 것입니다.《뇌내혁명》도 역시 밀리언셀러가 되고 나서 무려 3~4개월마다 100만 부씩 증쇄를 찍었다는 계산이 됩니다. 말도 안 된다고 생각할 수 있는 부수이지만 단계에 맞는 수단을 강구하지 않았다면 410만 부에는 이르지 않았겠지요.

중요한 순간순간마다 TV 방송과 신문에 보도가 되어 큰 물결이 몇 번이고 찾아왔습니다. 그때마다 책의 에너지를 가늠하면서 재고를 바닥내지 않겠다는 마음으로 임해온 결과, 있을 수 없는 일이 일어난 것입니다. 당시에 저는 편집장이었지만 그 같은 과감한 결정을 할 수 있는 토양이 마련되어 있었던 것은 정말 행복한 일이라고 생각합니다.

배움을 나누는
업계의 큰사람들

⋮

과감한 행동을 할 수 있다는 점에서 실은 비교적 중소 규모의 기업은 아직 기회가 있다고 생각합니다. 조직이 너무 커지면 승인 등을 얻을 때 시간이 걸려서 시기를 놓치고 말 가능성이 있기 때문입니다.

사실《뇌내혁명》이 나오기 조금 전에 출판업계를 석권했던 것이 200만 부를 돌파했던 다와라 마치의《샐러드 기념일》이었습니다. 그리고 이 밀리언셀러에 대해 출판업계지인 〈신문화〉가 "'샐러드'는 어째서 팔렸나? 200만 부의 구조"라는 테마로, 1988년 6월부터 1989년 3월까지 22회에 걸쳐 대형 연재를 싣고 있었습니다. 저는 빅히트작 한 권에 이만큼의 열정을 쏟아 분석한 특집연재를 처음 보았습니다. 매우 흥미 깊고 참고가 되는 연재여서 '이 내용은 괜찮다' 싶은 회차는 복사를 해서 보관했을 정도입니다.

감탄을 했던 점은 출판사인 가와데쇼보신샤가 여기까지 밝혀도 되나 싶을 정도로 양심적으로 숨김없이 히트작의 이면을 오픈했다는 것입니다. 여성 독자 비율과 관련된 이야기, 정보 제공력이 있는 사람에게 보내는 증정본 이야기, 프로모션을 할 때의 지방신문지를 이용하는 법 등 '이런 부분까지 밝히다니' 하며 계속해서 놀라고 감탄하면서 읽었습니다.

그리고 《뇌내혁명》이 나오고 2개월 정도 지나 15만 부를 넘었을 때 문득 이 연재를 생각해 냈습니다. 그래서 당시 막 입사한 사이토 류야 씨에게 부탁해서 도서관에 가서 연재 내용을 전부 복사해 달라고 했습니다. 다시 한 번 복사를 처음부터 끝까지 읽고 이는 무엇보다 참고가 되니까 사내에서도 공유를 해야만 한다고 생각했습니다. 다만, 아직 15만 부를 막 넘었는데 200만 부를 돌파한 책 이야기를 꺼내거나 한다면 직원들이 질리지 않을까 해서 생각을 바꾸었습니다. 그래서 잠시 캐비닛 안에 보관해 두었습니다. 그리고 반년 정도 지나 《뇌내혁명》이 60만 부를 넘었을 때, 그것을 영업부에 건내 전원이 공유했고. 후에 400만 부를 넘기는 데 큰 도움이 되었습니다.

또한 앞서 말했듯이 《체간 리셋 다이어트》가 〈금요일의 미소들〉에서 다루어진 적이 있었습니다. 이때 제가 상담을 요청했던 상대는 오랫동안 알고 지낸 출판사 사장이었습니다. 역시 〈금요일의 미소들〉에서 소개가 되어 대반향을 부른 밀리언셀러를 냈던 회사였는데, 당시 어느 정도의 반향이 있었는지를 물어보았습니다. 그러자 그 또한 아무런 주저 없이 구체적인 숫자를 들며 상세히 알려주었습니다. 그 덕분에 각 부서가 다 함께 적극적인 자세로 방송 당일에 대비할 수 있었습니다.

'회사를 초월해 성공 체험을 서로 공유하고 출판업계를 고양시키겠다.'

많은 도움이 되었던 가와데쇼보신샤의 〈신문화〉 연재도 그랬고, 업계 선배들한테서도 그 같은 기개를 느꼈습니다. 이같은 다양한 사람들의 눈에 보이지 않는 지지 또한 '여신의 미소'라고 생각합니다.

흐트러진 상태 속에 가능성이 있다

경직된 조화 속에서는
아무것도 생기지 않는다

인간의 얼굴은 좌우대칭이 아닙니다. 미묘하게 좌우가 다르며 그 미묘한 불균형이 얼굴의 매력과 아름다움을 더욱 두드러지게 한다는 이야기를 자주 듣습니다. 같은 말을 도서 디자인과 기획에서도 할 수 있을 것 같습니다. 진부한 생각이나 모든 질서가 이미 정해져 있다는 식의 예정조화설 같은 사고방식 속에서 새로운 것은 태어나지 않습니다. 이는 앞서 말한 '다음의 히트작은 요상한 것들 중에서'라는 말과도 상통하는 사고방식일지도 모릅니다.

이같은 견해는 사실 다양한 일에 응용할 수 있습니다. 저희는 새롭게 입사하는 사람에게 저희 회사의 책을 읽은 후에 레포트를 제출하게 합니다. 대학졸업자는 100권, 경력 채용자는 50권을 읽어야 한다고 정해 두었습니다. 매수와 쓰는 법에 특별히 제한을 두지는 않지만 이 작업은 상당한 시간이 걸리며 의외로 힘든 일입니다. 그만큼 제출된 레포트에는 선명하게 '그 사람다움'이 반영되는 것입니다.

때로는 어떤 책이든 행수까지 맞추었나 싶을 정도로 배분을 해서 작성한 레포트를 제출하는 사람이 있습니다. 그것이 나쁘다고는 하지 않겠지만, 획일적으로 형식을 갖춘 방식을 회사가 원하는 것은 아니라고 말해줍니다. 대학생이 쓰는 레포트가 아니기 때문에 프로로서 또는 앞으로 프로가 될 존재로서, 말하자면 자신의 '적극적인 부분'이 보여지면 좋은 것입니다. 그래서 레포트가 '정신없어' 보여도, 흐트러진 그 상태가 조화를 깨뜨리는 강인함과 아주 뛰어난 아름다움으로 변화할 수도 있습니다. 그런 점을 알아차려 주기를 바라는 것입니다.

조금 빗나간 이야기를 하자면, 지금까지 저희는 정신적인 장르의 책들을 계속 간행해왔습니다. 이 분야는 옥석이 뒤섞여 있고 가짜도 많기 때문에 대상을 신중하게 골라야만 합니다. 그야말로 진짜를 찾아내는 분별력이 중요합니다.

다행스러운 것은 최근 약 10년 사이에 정신적인 사물을 대하는 세상의 견해가 크게 바뀌어서, 사실은 사실로서 받아들이자는 사고방식이 확대되어왔다는 것입니다. 과학적인가 비과학적인가 하는 논의가 자주 이루어지는 장르이기도 합니다. 조심해야만 하는 것은 30년 전에 '과학적'이라고 불렀는데 현재는 '비과학적'이라고 판명된 것이 얼마나 많은가 하는 사실입니다. 물론 반대의 경우 또한 무수히 많습니다.

지금의 '과학적'이라는 것은 '현 시점에서 과학적이라고 보인다'는 말로 바꾸어 놓을 필요가 있습니다. 딱하지만 어느 시대에도 '지금의 과학'이라고 하는 메이저가 예측한 대상의 유효기간이 때때로 너무 짧은 경우가 적잖이 있습니다. 지금 주류의 시각에서는 파악할 수 없다는 이유로 '비과학적'이라고 단정한다면 그것이야말로 비과학적인 태도가 되겠지요.

중요한 것은 사실 앞에서 겸허하게 고개를 숙이는 자세라고 생각합니다. 물질과 의식에 대한 관계에 대해서도 양자역학의 비약적인 진보에 따라 인식의 변환이 요구되고 있다고 들었습니다. 최첨단의 지식을 탐욕스러울 정도로 배우면서 진짜를 가려내는 안목을 계속해서 갈고 닦아 주시기를 바랍니다.

제3장

머리로 하는 일과 몸으로 하는 일

시장과 독자를 대변해야 한다

저자가 쓰고 싶은 책과
독자가 읽고 싶은 책

에너지가 높은 책, 강렬한 에너지가 담긴 책을 만들기 위해서 편집자는 어떻게 하면 좋은가. 이는 책 뿐만이 아니라 제조업, 상품 만들기를 담당하는 제작자에게 공통된다고 말할 수도 있습니다. 그것은 바로 싸우는 것입니다.

저는 '싸우는 편집자', '편집은 격투기, 진흙탕 속에서만 진짜가 태어난다'고 계속해서 말해왔습니다. 기획도 그렇고 원고도 그렇고, 제목도 컨셉도 싸우면서 최선의 것을 목표로 삼아야 합니다. 열심히 에너지를 불어넣어야 합니다. 그렇게 할 수 있다면 훌륭한 책이 됩니다. 그러나 하지 못한다면 거들떠도 보지 않는 책이 되고 맙니다. 여기서 싸운다는 것은 편집자의 자아를 위해

싸우라는 뜻이 아닙니다. 독자에게 정말로 좋은 책은 무엇인가 하는 점을 확실히 생각해야만 한다는 뜻입니다. 이해하기 쉬운 예를 들자면 때때로 흔하게 하는 말이 있습니다.

'저자가 쓰고 싶은 책과 독자가 읽고 싶은 책은 다르다.'

이는 매우 자주 일어나는 상황입니다. 그러므로 편집자는 '독자가 읽고 싶은 책은 이런 것이다'라는 자기주장과 의견을 가지고 저자와 싸워가야만 합니다. 어디까지나 독자 편에 선 책을 만들 것. 이를 항상 의식하면서 저자와 함께 책을 만들어가야 합니다.

저자 후보가 될 수 있는 사람은 해당 영역에서 정상급이거나 한 가지 기예에 뛰어난 사람입니다. 굉장한 콘텐츠를 가지고 있습니다. 그러나 '책을 쓸 수 있는 힘을 가지고 있는가' 하면 반드시 그렇지는 않습니다. 하물며 '독자가 어떤 내용의 어떤 방향성을 가진 책을 기다리는가' 하는 점까지는 좀처럼 생각이 미치지 않는 게 보통입니다.

근사한 콘텐츠를 가지고 있어도 '독자가 어떻게 받아들이는가, 독자가 그 콘텐츠 안의 어떤 부분을 원하고 있는가' 하는 시점이 빠져버린 경우가 많습니다. 물론 그 같은 시점을 가지고 있는 사람도 있지만 극히 적습니다. 저자 입장에서 '이렇게 글을 쓰면 독자에게 전해질 것이다'라는 관점은 좀처럼 얻기가 어렵습니다. 그러므로 그 역할을 편집자가 담당해야 합니다.

소설과 같은 문학 작품은 기획의 방향성과는 별도로 원고 자체를 전면적으로 저자의 필력에 맡겨야만 합니다. 그러나 그 외의 많은 장르에서는 다릅니다. 저자가 독자에게 가치 높은 콘텐츠를 제공할 수 있는 사람이라면, 설령 그 사람이 쓰기 능력을 충분히 갖추고 있지 않다 하더라도 큰 문제가 되지 않습니다. 오히려 책 쓰는 일을 전문으로 하고 있는 북라이터에게 취재를 바탕으로 원고를 쓰게 함으로써, 저자 본인이 쓴 이상으로 본인이 생각하지도 않을 정도로 오히려 본인다운 원고가 완성되는 경우도 적지 않습니다. 이렇게 쓰면 독자에게 전해진다는 것을 편집자와 북라이터는 알고 있기 때문입니다.

예를 들면 밀리언셀러가 된 《바보의 벽(バカの壁)》은 북라이터의 협력을 얻어 저자를 취재해서 책을 만들었다는 사실을 밝히고 있습니다. 그래서 난해함이 지워지고 저자의 발상이 자유롭게 표현된 좋은 예라고 할 수 있습니다.

책 만들기라는 것은, 제로에서 뭔가를 만드는 일입니다. 그런데 유감스럽게도 만드는 사람이 저자에게 '당신에게 모든 것을 맡기겠습니다'라고 해서는 뭔가를 만들 수는 없습니다. 그중에서도 비즈니스서와 자기계발서, 실용서 등에서는 앞서도 썼던 '그 책을 읽음으로써 독자 자신이 바뀔 수 있다'는 점이 중요합니다.

따라서 '독자가 어떻게 받아들이는가' 하는 관점을 잊어서는 안 됩니다. 그와 같은 관점에서 저자와 함께 책을 만들어가야 합니다. 그래야 독자를 확보할 수 있습니다. 바로 그런 점에 이 일이 주는 재미가 있습니다.

'얼마나 편집자와 출판사가 주도하여 책을 만들 수 있는가?' 그렇게 되면 때로는 저자와 부딪히는 경우도 있습니다. 저자가 만들고 싶은 책과는 조금 다른 내용이 될지도 모릅니다. 그래서 이때도 얼마나 지지 않고 독자의 시선을 관철시킬 수 있는가가 중요시됩니다.

취재 도중에 '그것은 독자가 듣고 싶은 이야기가 아니다'라고 차단해야만 하는 일도 생길지 모릅니다. 그럴 때 정말 필요한 내용을 추구하며 진검승부를 해야 합니다. 물론 피하고 싶은 일이지만, 저는 최종적으로는 책을 내지 못하는 상황도 각오해야 한다고 생각합니다. 프로로서는 일을 틀림없이 마무리시켜야 하는 것은 말할 것도 없지만, '다듬어지지 않은 책은 내지 않겠다'는 선택도 최종적으로는 할 수 있다고 생각합니다.

'이런 각오를 가지고 임할 수 있는가.'

저는 이 정도의 마음가짐이 없다면 저자를 움직일 수 없다고 생각합니다.

한편 이런 말도 자주 합니다.

'북디자이너가 300개 중 하나의 일일 뿐이라는 태도로 일한다면 참을 수 없다.'

인기 있는 북디자이너에게는 연간 300권, 사람에 따라서는 500권 정도의 디자인 의뢰가 들어옵니다. 편집자도 그것을 알고서 의뢰하는 것인데, 심혈을 쏟은 기획에 대해서 북디자이너가 '300개 중 하나의 일감일 뿐'이라는 태도로 일을 한다면 참을 수가 없습니다. 그래서 이거다 싶은 기획의 경우에는 몇 개월도 전부터 북디자이너에게 '영혼을 담아서 해주면 좋겠다'고 미리 말하곤 합니다.

그리고 디자인과 관련해서도 역시 싸움이 일어납니다. 디자이너는 프로입니다. 자기 생각도 강하며 일가견이 있는 사람도 많습니다. 그렇기 때문에 여기에서 불꽃이 튀는 일도 있습니다. 유명한 북디자이너에게 '이건 틀리다'고 되받아칠 수 있는지 아닌지, '또 다른 안을 주세요'라고 부탁할 수 있는지 아닌지 하는 부분에 있어서 말입니다.

한마디로 디자인이라고 해도 편집자가 디자인에 대해 강한 이미지를 가지고 있는 경우, 그렇지 않은 경우 등 다양합니다. 책에 따라서 어떻게 부탁을 할지 그때그때 소통 전략을 바꾸어야만 합니다. 게다가 말과 논리로 설명하는 것이 지극히 어려운 영역이 바로 디자인입니다. 하지만 독자가 0.5초 만에 판별하는 것이 디자인이기도 합니다. 감성에 호소하는 부분인 만큼 융통성 없이 논리적인 태도로 의뢰해도 일이 좀처럼 잘 진행되지 않습니다. 비언어적 의사소통(nonverbal communication)도 포함을 해서 '이렇게 해주면 좋겠다'고 열심히 생각을 전하는 수밖에 없습니다.

매우 드물기는 하지만, 당초 예정했던 북디자이너와는 도저히 타협을 하지 못해 다른 북디자이너로 교체하는 일도 있습니다. 저는 그 정도로 싸워야만 한다고 생각합니다. 물론 그러면 북디자이너 쪽에 폐를 끼치게 되는 결과가 되기 때문에 칭찬받을 일은 아닙니다. 다만 '감히 그것도 불사하겠다'고 하는 강한 생각이 반드시 필요합니다. 부드럽게 말하자면 '능숙하게 잘 싸우시오' 정도가 되겠네요.

창의력의 핵심은 머리가 아니다

비 오는 날,
바람 부는 날에 방문하라

⋮

머리를 써서 일을 하는 것도 중요합니다. 그러나 머리만으로 일을 해서는 제대로 풀리지 않는 경우가 있다는 것을 알아 두어야만 합니다. 실제로, 이를 제대로 이해하지 않아서 인생이 잘 풀리지 않는 사람이 많습니다. 그래서 제가 자주 하는 말이 인간은 '목에서 위'보다 '목에서 아래'라는 것이었습니다. '목보다 위에 있는 머리로 일을 하려고 할 것이 아니라 오히려 목보다 아래를 이용해서 일을 하자'라는 뜻입니다. 발을 쓰고 손을 이용하며 담력을 사용하자는 뜻이며, 심장을 사용하며 배짱과 행동력으로 움직이자는 이야기입니다.

가장 피해야 하는 방식은 회사의 간판을 이용해서 일하는 것입니다. 회사의 지명도와 규모를 배경으로 삼아 상대의 납득을 끌어낼 수 있다는 계산을 하고 일을 하는 것입니다. 이는 '목에서 위'를 사용한 전형적인 예라고 생각합니다. 그렇게 한다고 성과가 오를 리도 없습니다. 앞서 말한 것처럼 제가 선마크 출판의 전신 회사에 들어갔을 때 출판사로서의 지명도는 제로였습니다. 간판도 아무것도 없었습니다. 우리 회사에서 책을 내주시면 좋겠다며 저자를 설득하는 데서부터 고생을 했습니다. 반복해서 말하지만, 전화 한 통, 편지 한 통에도 세심한 주의를 기울였습니다. 다만 그 덕분에 상당히 단련될 수 있었습니다. 회사의 간판으로는 일을 할 수 없었기 때문입니다.

사쿠라이 히데노리 씨가 알려준 고단샤의 창업자인 노마 세이지 선생의 말이 있습니다.

'비 오는 날, 바람 부는 날, 방문하기 좋은 날씨.'

편집자와 영업 담당자는 "비 오는 날과 바람 부는 날이야말로 저자와 서점을 방문해라"는 뜻입니다. 이 말은 정말로 맞다는 생각이 듭니다. 누구라도 비 오는 날과 바람 부는 날에는 어디든 가고 싶어하지 않는 법입니다. 하지만 이를 저자와 서점 입장에서는 어떻게 받아들일 수 있을까요. 비 오는 날에 흠뻑 젖는 것도 마다하지 않고 일부러 와주었다는 점에서 오히려 고맙게 생각 지도 모릅니다. 역시 인간 심리의 오묘한 부분을 찌른 말이라고 생각합니다. 이 말은 반세기도 전의 것이지만 아무리 세월이 흘렀어도 인간의 심리는 변하지 않는 법입니다.

:

'목에서 아래'를 사용해서 한 일 중에 지금도 인상 깊게 기억하는 책이 한 권 있습니다. 1998년에 간행된 사카무라 신민의 시집 《항상 마음에 두고 생각하면 꽃이 핀다(念ずれば花ひらく)》입니다. 선마크 출판에서 시집을 낸 것은 이때가 처음이었습니다.

사카무라 선생은 국민시인이라 불리고 있었습니다. 그의 시는 더없이 평이하지만 내용이 매우 깊습니다. 타이틀이 된 '항상 마음에 두고 생각하면 꽃이 핀다'도 유명한 시이며, '두 번 다시 없는 인생이기 때문에'라는 작품도 잘 알려져 있습니다. 전국 각지 모든 곳에 시비가 세워져 있는 아주 드문 시인입니다. 자선 시집(자기의 작품 중에서 자기가 선정함)이 다른 곳에서 출판이 되었는데 어떤 계기로 그 시집을 읽게 되었습니다. 그러자 흥미가 생겨서 다른 시집과 에세이도 가져와 결국 다 읽고 말았습니다. 그래도 마음이 너무 진정되지 않아 이번에는 주위 사람들도 읽으면 좋겠다 싶어서 자선 시집을 대량으로 구매해서 나누어주기 시작했습니다. 거의 같은 무렵에 편집부의 사이토 류야 씨가 《시정의 원류(詩魂の源流)》라는 근사한 DVD 작품이 나와 있다고 알려주었습니다. 그래서 그와 이야기를 하던 중 이런 말이 나왔습니다.

"좋은 작품이 많긴 하지만 정말로 결정적인 책은 아직 없는 것 같아."

그때까지 사카무라 선생의 책을 만든다는 생각은 전혀 하지 않고, '좋은 시니까'라며 작품을 주위 사람들에게 건네었던 일이 '그러면 우리가 만들어 볼까'라는 상황으로 발전하게 된 것입니다. 그래서 사카무라 선생에게 부탁을 하러 찾아갔다가 이런 꾸짖음을 듣고 말았습니다.

"크게 광고를 내서 대량으로 책을 파는 베스트셀러 출판사에서는 책을 내지 않겠소."

사카무라 선생에게 선마크 출판은 그런 인상을 주었던 것입니다. '죄송합니다'라고 하며 그 자리를 물러났지만 그렇다고 간단히 포기할 저희가 아니었습니다. 그때부터는 그야말로 '목에서 아래'를 쓰는 일에 매달렸던 겁니다.

사카무라 선생에게 도대체 몇 번의 편지를 썼는지 모릅니다. 사이토 씨는 몇 번이고 직접 사카무라 선생을 방문했습니다. 그렇게 해서 햇수로 2년에 걸쳐 저희의 마음을 계속해서 전했습니다. 그러는 사이에 사카무라 선생 본인에게서 편지를 받게 되었습니다. 그것은 아름다운 필적으로 쓰인 두루마리 편지로, 거기에는 '다음 시대를 담당할 젊은 사람들에게도 내 시를 전하고 싶으니까 함께 일을 합시다'라고 담담히 승낙하는 글이 적혀 있었습니다. 그때 사이토 씨와 함께 좋아서 덩실거리며 기뻐했던 기억이 납니다.

사카무라 선생은 고교 야구를 자주 보았다고 합니다. 그래서인지 젊은 사람들에게도 자신의 시를 알리고 싶다는 마음이 강했다고 합니다. '항상 마음에 두고 생각하면 꽃이 핀다'라는 마음을 젊은이들도 가지길 바란다고 말입니다. 그래서 허락을 받을 수 있게 되었던 것입니다.

시를 선정할 즈음에는 그때까지의 모든 작품인 1만 편 정도를 모든 저작도 포함해서 모았습니다. 그것을 커다란 박스 한 상자에 담아 제가 당시 때때로 갔었던 신슈(信州)에 있는 야마다(山田) 목장의 산장으로 보냈습니다. 도시의 혼잡스러운 사무실에서 할 만한 일이 아니라고 생각했기 때문입니다. 그리고 사이토 씨와 둘이서 산장에 3일 밤낮을 머물며 식사할 때와 잠잘 때 이외에는 계속 사카무라 선생의 시를 읽으며 보냈습니다. 시가 꿈에도 나올 정도였습니다.

그렇게 해서 완성된 것이《항상 마음에 두고 생각하면 꽃이 핀다》,《두 번 다시 없는 인생이기 때문에(二度とない人生だから)》,《우주의 눈빛(宇宙のまなざし)》으로 3부작 시집이었습니다. 이 시집들은 출간 이후 20년 이상 지났지만 여전히 매년 증쇄를 거듭하여 시리즈로 15만 부를 넘어섰으며, 시집으로서는 이례적인 스테디셀러가 되고 있습니다.

압도적인 양은 반드시 질로 변한다

지금까지 맹렬한 에너지를 가진 많은 저자와 일을 해오며 느낀 점이 있습니다. 그것은 압도적인 '양'은 '질로' 변화한다는 사실입니다. 많은 것을 경험해온 저자는 양이 질로 바뀌는 경험을 가지고 있으며, 월등하게 많은 체험을 하면 눈에 보이지 않는 것이 보이게 된다는 인상을 받았습니다.

앞서 말했듯이 후나이 유키오 선생은 경영 컨설턴트로서 그야말로 매우 많은 회사를 관찰해왔는데 이런 말을 했습니다.

"우에키 씨, 회사에 들어가지 않고 건물 앞에 서는 것만으로도 실적이 좋은지 나쁜지를 알 수 있어요."

처음에는 터무니없는 일이라고 생각했습니다. 그러나 다음 순간에는 '실제로 몇만 개나 되는 회사에 대해 컨설팅을 하다 보면 그렇게 될 수도 있겠구나' 하는 생각에 묘하게도 이해가 되었습니다.

《병 안 걸리고 사는 법》의 저자 신야 히로미 선생은 대장 전문가로서 내시경 수술의 세계적인 권위자입니다. 지금까지 몇만 명이나 되는 환자의 장을 돌봐왔습니다. 신야 선생도 제 앞에서 분명히 이렇게 말했습니다.

"우에키 씨, 저는 그 사람이 눈앞에 서 있기만 해도, 내시경을 넣지 않아도 장의 상태를 알 수 있어요."

이 또한 당치도 않은 일이라고 생각했습니다. 있을 수 없는 일이라고 말하는 사람도 있을지 모르겠지만, 저는 신야 선생의 얼굴에 떠오른 한치의 거짓도 없는 표정을 보고 직감했습니다. 역시 몇만 명이나 되는 많은 대상을 진지하게 접하면 양이 확실히 질로 변화해갑니다. 압도적인 양을 경험하면 눈에 보이지 않는 것이 보이게 된다는 것입니다. 그리고 뛰어난 저자는 그같은 에너지를 자기 안에 간직하고 있는 법입니다.

그래서 저희는 조금이라도 그런 경지에 가까워져야만 한다고 생각해왔습니다. 물론 당장 '만 단위'의 많은 양을 접하는 것이 가능할 리 없습니다. 그러나 가급적이면 많은 양을 접하고자 신경 썼습니다. 그렇게 함으로써 저자의 에너지에 한 발이라도 두 발이라도 가까워질 수 있습니다. 실수를 해도 쉽고 간단하게 움직여서는 안 되는 것입니다.

그런 점에 신경을 쓰면서 추진했던 상징적인 책이 바로 밀리언셀러가 된 이나모리 가즈오 회장의 《카르마 경영》이었습니다. 이 책은 이나모리 회장을 맨 처음 만난 이후부터 출간에 이르기까지 7년이라는 세월이 걸렸습니다. 그리고 이 책을 기획 편집한 것은 사마쿠라 신민 선생의 시집을 만든 사이토 류야 씨였습니다.

리스크도 결국 득이 된다는 생각

사이토 류야 씨는 대학을 졸업하고 선마크 출판에 입사했는데, 몇 년은 상당히 고생을 했다고 합니다. 그는 히트작이 나오기 전에 한동안 거울로 자신을 보면서 자기에게 말을 걸듯이 '나도, 반드시, 히트작을 만들 수 있다', '나도, 반드시, 히트작을, 만들 수 있다'고 몇 번이고 몇 번이고 반복했다고 합니다. 그 이야기도 나중에 회사 입사 설명회에서 학생들에게 그런 말을 하는 것을 듣고 나서 '아, 그한테도 그런 어려움이 있었구나' 하고 알게 된 사실입니다. 그런데 바로 그 사이토 씨가 밀리언셀러가 된 《카르마 경영》의 원고를 직접 다루게 된 것입니다.

사실 이나모리 회장의 승인을 얻기 전 단계에서 저희가 생각하고 움직였던 것이 있습니다. 그것은 이나모리 회장이 쓴 책을 전부 읽는 것은 당연한 일이었고, 그 외에도 압도적인 '양'을 뒤쫓아가는 일이었습니다. 이나모리 회장은 전국의 경영자가 모이는 사설 교육기관인 세이와주쿠(盛和塾, 2019년까지 운영된 일본 교세라 창업주 이나모리 가즈오 명예회장이 설립한 경영아카데미)를 설립했으며, 당시 4,000명 이상의 경영자가 가입되어 있었습니다. 그 세이와주쿠의 회보가 70권에 가까웠고 다른 책도 포함하면 큰 박스 한 개 정도의 분량이었습니다.

사이토는 책에 대한 기획을 다듬을 때 호텔에 틀어박혀 이 큰 박스 가득한 자료를 몇 일에 걸쳐 전부 읽었습니다. 그 후에 어떤 책으로 할 것인가 하는 이미지를 굳히고 어떤 문체로 이나모리 회장이 쓰게 할 것인가를 정리한 항목을 보냈습니다. 아직 이나모리 회장에게 기획 자체에 대한 승낙은 받지 않은 단계였습니다. 그런데도 저희는 상당한 비용과 에너지를 들여 움직이기 시작했습니다.

보통은, 상대에게 거절당한다면 리스크가 되지 않을까 하고 생각할 수도 있습니다. 그러나 설사 거절당한다고 해도 그곳에서 회보를 전부 읽고 이나모리 사상에 대해 철저하게 배웠던 것은 분명 장래에 담당 편집자 개인에게뿐만 아니라 회사 입장에서도 큰 보탬이 될 것이 틀림없다고 생각했습니다.

:

한편 제 안에는 한 가지 확신이 있었습니다. 분명 이나모리 회장은 이해할 것이 틀림없다는 확신이었습니다. 저희가 본인의 저작을 모두 읽었을 뿐만 아니라 세이와주쿠의 회보까지 전부 읽었다는 사실을 말입니다. 대단한 사람은 기획서 한 장만 봐도 이해를 합니다. 그들은 눈에 보이지 않는 것도 보는 사람들인 것입니다.

결과적으로는 얼마 후에 '해봅시다'라는 답을 받게 되었습니다. 그때까지 이나모리 회장의 저서는 비교적 경영에 대한 이야기거나 어떤 장르에 특화되는 내용의 책이 많았습니다. 그래서 일단 하게 된 이상 많은 이들이 읽는 대표적인 책을 만들고 싶다고 제안을 했고 승낙을 받아서 회사 전체가 들러붙어 일을 진행했습니다.

이 책은 운 좋게도 출간 후 햇수로 10년이라는 긴 시간을 거친 끝에 밀리언셀러라는 결실을 맺었습니다. 세이와주쿠 수강생 여러분을 비롯해 많은 분들의 지원을 받은 덕분이며, 시간을 들이는 것, 수고를 들이는 것을 마다하지 않고 '진지하게' 책 만들기와 마주했던 것도 크게 작용했을지 모릅니다.

이나모리 회장은 《카르마 경영》의 완성을 진심으로 기뻐했습니다. 이 책이 자신의 대표작이 되었다는 말을 직접 들었을 때는 너무나 기뻐했습니다. 그리고 믿을 수 없는 일이 생겼습니다. 이나모리 회장의 초대를 받은 것입니다. 그는 일본을 대표하는 경영자이고 저는 책만 만든 출판사 사장일 뿐입니다. 그런 제가 이나모리 회장 같은 분의 초대를 받아 함께 식사를 한다니, '이런 기회를 얻을 수 있는 사람이 얼마나 있을지, 이 얼마나 행운인가' 하는 생각을 했습니다. 물론 초대된 자리에서 저는 긴장을 했습니다. 그런 저를 보고 이나모리 회장은 제일 먼저 이렇게 물었습니다.

"우에키 사장님은 술을 드십니까?"

그 질문에 깜짝 놀랐습니다만, "네, 싫어하지 않습니다"라고 했더니 만면에 웃음을 띄우며 이렇게 말했습니다.

"그렇습니까? 잘됐군요!"

이나모리 회장은 오른손을 제 잔으로 뻗고 왼손을 제 어깨에 올려놓으며 술을 따라 주었습니다. 그 유명한 이나모리 회장이 말입니다. 게다가 지극히 자연스러웠습니다. 흔히, 경영자는 타인이 끌리는 사람이 되라는 말이 있습니다. 과연, '그게 바로 이런 것일까' 하고 강렬하게 느꼈던 순간을 지금도 기억하고 있습니다. 위대한 경영자의 대단함을 눈앞에서 새삼스레 실감할 수 있었던 귀중한 체험이었습니다.

모래 해변은 사금으로 반짝인다

⋮

지금은 원칙적으로 받지 않고 있지만, 이전에는 연간 600건 정도의 기획서와 원고 투고를 받았습니다. 그것을 젊은 편집자 몇 명이 차례로 맡으면서 검토를 했습니다. 그때 늘 말했던 것이 '모래 해변에 사금이 숨겨져 있다'였습니다. 일방적으로 보내오는 것이 대부분이기 때문에 저희가 찾는 원고와는 거리가 멀 때가 많지만, 그 안에서 '사금'이라 할 만한 역작이 숨겨져 있을 수도 있는 것입니다.

실제로도 그런 원고를 놓치고 말았기 때문에 타사에서 출판되어 히트를 친 일도 있었습니다. 방심할 수는 없는 일입니다. 그래서 중요한 것이 모래 해변 속에 반짝 빛나는 사금을 얼마나 빨리 알아차릴 수 있는가 하는 점입니다. 이는 투고원고뿐만이 아닙니다. 다양한 상황에서 '사금'을 맞닥뜨릴 찬스가 있습니다.

예를 들면 2004년에 간행되어 24만 부를 넘는 베스트와 스테디셀러가 된 그림책《생명 축제》는, 원래 저자인 구사바 카즈히키 선생이 사가(佐賀)현에서 자비출판을 했던 책이었습니다. 한 명의 아이가 이 세상에 태어나기 위해서는 몇 세대를 넘은 무수한 조상이 이어지는 깊은 인연이 없이는 안 된다는 이야기를 헤이안자 모토나오 선생의 친근한 그림으로 전하고 있는 입체북입니다.

우연히 같은 사가현에서 살고 있던 지인이 이 자비 출판된 책을 제게 보내주었습니다. 자비출판의 경우도 투고원고와 마찬가지로 상업출판으로까지 가져갈 수 있는 수준의 책은 적은데, 이 책은 달랐습니다. 친근한 그림과 평이한 문장으로 깊은 진리를 알기 쉽게 전하고 있었습니다. 만듦새가 무척 훌륭했습니다. 그래서 스즈키 나오키 씨에게 이야기를 했습니다. 이런 책을 좋아하는 편집자였기 때문입니다. 그러자 어찌된 일인지 그에게도 지인인 만화가가 '이 책은 분명히 자네한테 어울리는 책이야'라며 일주일 전에 보내주었다고 하는 것입니다.

작은 회사에 있는 두 사람에게 같은 시기에 전혀 다른 루트로부터 책이 전해졌습니다. 이는 '출판을 하시오'라는 하늘의 뜻이라고 저는 생각했습니다. 스즈키 씨도 '아이들을 위한 책이다'라는 것을 바로 느꼈다고 합니다. 그래서 출간을 결정한 결과, 대성공작이 된 것입니다. 게다가 초등학교의 도덕 부교재뿐만이 아니라 교과서에도 실리는 등 지금도 계속해서 스테디셀러가 되고 있습니다.

눈에 띄지는 않지만 세상과 타인을 위해서 노력하는 사람은 많습니다. 마더 테레사는 세계적으로 유명하지만, 저는 세상에 무수한 작은 마더 테레사가 있다고 생각합니다. 그러므로 항상 안테나를 세워두는 것이 중요합니다. 또한 지금은 그렇지 않은 사람이 후에 큰 가치를 만들어낼 수도 있습니다. 그렇기 때문에 그 재능의 일부를 알아차릴 수 있는지에 대한 판단이 편집자에게는 필요합니다. 사실은 저 자신부터도 '사금'이 손가락 사이에서 흘러 떨어지는 것을 깨닫지는 못하고 있는 것이 아닌지 때때로 불안에 사로잡히곤 합니다.

유명인의 무명 시절을 생각한다

⁝

'유명인, 처음은 모두 무명인'이라는 문장이 썩 마음에 듭니다. 그도 그럴 것이 그 어떤 유명인이라 해도 처음부터 유명인이었던 것은 아니기 때문입니다. 원래는 무명인데 어떤 계기와 이유가 있어서 유명인이 된 것입니다. 이것이 의외의 맹점인데, 오래 활약하고 있는 사람은 원래부터가 유명인이었던 것 같은 기분이 들기 때문에 희한하기도 합니다. 이름과 브랜드가 책의 판매를 좌우한다면 유명인의 책을 내는 것이 역시 유리하지는 않을까 하는 사고방식도 있는데, 저는 반드시 그렇다고 할 수는 없다고 봅니다.

'책은 에너지이다'라고 지금까지 말해왔습니다. 그런데 유명인으로서 몇 권이나 되는 저서를 가진 사람의 책은 에너지도 분산이 되고 맙니다. 게다가 거의 같은 책을 계속해서 내기 때문에 진부해지는 현상을 피할 수 없습니다. 그렇게 되면 '책은 에너지이다'라는 말과는 반대로, 핸디캡을 지고 있다고 볼 수도 있습니다.

새로운 책을 간행한다는 것은 새로운 '가치의 창출'로 이어져야 하는 일입니다. '얼마나 높은 가치를 제공할 수 있는가'가 승부의 관건이라고 한다면, 지금까지 없었던 가치관을 제시해주는 에너지량이 큰 '무명인'을 발굴하는 것보다 더 좋은 일은 없다고 할 수 있습니다. 0에서 1을 낳는다, 그리고 그것을 최대화하는 것이 저희의 일이라고 한다면, 역량 있는 '무명인을 찾아내서 새로운 가치를 창출하고 그것을 국내뿐만 아니라 세계에 알리는 일'만큼 대단한 일은 없으며 가슴 설레는 일도 없지 않을까요? 이것을 '도서'라고 하는 '범주'만으로 생각할 것이 아니라 '콘텐츠의 가치를 최대화시킨다'는 사고방식에 입각해 생각한다면, 기존에 없었던 재미있는 시도를 할 수 있으며 출판업계의 양상도 바뀔 수 있을 것입니다.

소설의 세계에서는 최초의 작품에 그 작가의 모든 것이 담겨 있다고 하는 이야기가 지금까지도 자주 거론이 되고 있습니다. 이는 딱히 소설에 국한된 것이 아니라 비즈니스서와 자기계발서의 분야에서도 마찬가지입니다. 새로운 경향을 지닌 진짜 에너지가 세계를 석권하고 빅히트작으로 이어지는 것입니다. 그것은 그 저자가 계속 쌓아왔던 것이 최초의 저서에서 한 번에 폭발하기 때문입니다. '최초'에 고유의 에너지가 온전히 깃들어 있는 것입니다.

밀리언셀러는 어떻게
내리막길을 걷는가

⋮

'유명인, 시작은 모두가 무명인'과 함께 제가 때때로 쓰는 표현 중에 '유명무력, 무명유력(有名無力, 無名有力, 일본의 사상가인 야스오카 마사히로가 한 말. 유명해지면 유명해질수록 힘을 발휘하기 어려워지지만, 무명이라면 음지에서 힘을 계속 발휘할 수 있다는 뜻 −옮긴이)이라는 말이 있습니다. 유명하다고 해도 반드시 힘이 있다고는 할 수 없으며, 설사 이전에 힘이 있었다고 해도 거기에 안주하면 순식간에 무력해집니다. 말을 바꿔보자면, 설령 고명한 선생이라도 취재자와 듣는 사람이 납득이 가지 않는 이야기를 한다면 거리낌 없이 자꾸 질문을 던져야만 한다는 뜻입니다.

한편 세상은 넓고 다양합니다. '모래 해변에 숨겨진 사금'처럼 무명인 중에 뜻밖에 실력이 있는 사람이 있습니다. 그런 사람과 '얼마나 깊은 인연을 맺을 수 있는가'가 인생을 결정하는 경우도 있습니다. 이는 딱히 편집자에 국한된 이야기는 아닙니다.

요컨대, 유명 또는 무명과 실력이 있고 없음에는 그다지 관계가 없다고 생각하는 편이 좋습니다. 지위와 직함, 혹은 대학 이름이나 기업 이름도 마찬가지인데, 그것이 자신의 결승점이며 아이덴티티라고 생각하는 사람은 거기에 매달려서 자신을 높일 노력을 하지 않게 됩니다. 궁극적으로 '간판을 내세우는 인간'이며 이유도 없이 뽐내는 사람입니다. 무명에서 유명인이 됐다고 해도 '유명한 것 자체에 가치는 없다'고 생각하고 매일매일 정진해 갈 수 있는지 여부가 중요합니다.

제1장의 '과거는 좋은 발판' 부분에서 '좋은 것은 정말로 좋은 것인가, 나쁜 것은 정말로 나쁜 것인가'라는 내용을 언급했었는데, 그 생각은 제 머릿속을 끊임없이 휘젓고 있습니다. '복권에 몇억 엔씩이나 당첨된 사람의 대부분은 불행해진다'는 말이 있습니다. 어쩌면 엄청난 베스트셀러를 써서 유명인이 된 저자에게도 해당되는 말일지도 모릅니다. 밀리언셀러 작가에게도 그 같은 위기가 다가오는 법입니다.

많은 베스트셀러, 밀리언셀러 저자를 배출해온 출판사 대표가 이런 말을 하면 '부적절하다'는 비난도 면치 못할지도 모르지만, 많은 경험을 했기 때문에 단언할 수 있습니다. 실제로 지금까지 90분에 3만 엔이었던 강의료가 때로는 20배, 30배로 뛰어오릅니다. 그렇게 되면 '그렇게는 많이 필요 없다'가 아니라 이상하게도 '좀 더 좀 더' 하고 욕심이 많아지게 됩니다. 어디에 가더라도 주위에 사람이 모여들어 사인을 요청하고 인기를 모읍니다. 모르는 사이에 돈의 씀씀이도 헤퍼지고 타인에 대한 태도도 거만해집니다. 사치가 타락을 앞당깁니다. 보통 사람이라면 아마 이처럼 이상하게 변해버릴 것입니다.

　원래 계속해서 높고 큰 무대에서 활약을 해온 사람은 밀리언 셀러가 나온 정도로는 꿈쩍도 하지 않습니다. 그러나 무명에서 유명인으로 급격히 무대가 바뀐 사람은, 행동에 매우 신경을 쓰고 겸허함과 감사의 마음, '세상을 위해 타인을 위해'라는 생각을 계속 가지지 않으면 '악화일로'가 뻔히 기다리고 있습니다.

　'성공도 또 하나의 시련이다.'

　이는 이나모리 가즈오 회장의 말입니다. 저는 업무상 많은 금언과 명언을 접할 기회가 많지만, 성공과 시련과 관련돼서 이 정도까지 깊이 있는 말은 견문이 좁은 탓인지 알지 못합니다. 어쩌면 성공이 최대의 시련이라는 의미일까요?

　이상 첫 책이 베스트셀러가 됐을 때 빛을 보는 면과 밀리언셀러 작가가 실패하고 마는 그림자 영역을 같이 생각해보았습니다. 산이 높으면 골짜기가 깊으며, 인생의 행복과 불행은 꼬아 놓은 새끼처럼 서로 끊임없이 바뀐다. 인간만사 새옹지마. 이런 격언들이 떠올랐다가 사라집니다.

진리는 반드시 쉽다

⋮

저희가 책을 만드는 방침 중 하나로 '이해하기 쉬움'이라는 것이 있습니다. 저는 이 대목이 매우 중요하다고 생각합니다. 진리는 쉽게 이해하는 것 안에 있는 것입니다. 다시 말해, '진리는 쉽다'고 할 수 있습니다. 쉽게 쓰여 있기보다도 어렵게 쓰여 있는 편이 왠지 똑똑해 보인다고 생각하는 사람도 있겠지만 그것은 틀린 생각이 아닐까요.

저는 평소에 이런 말을 자주 합니다.

"일류인 사람은 어려운 것을 쉽게 전한다. 이류인 사람은 어려운 것을 어렵게 전한다. 삼류인 사람은 쉬운 것을 어렵게 전한다."

이는 특별히 강연이나 논문 등에 한정된 것이 아닙니다. 말의

예술인 시의 세계에서도 마찬가지입니다. 실제로 정말로 훌륭한 시는 평이하며 깊이가 있습니다. 이해하기 쉽고 용이하기 때문에 내용이 얕은 것인가 하면 전혀 그렇지 않습니다. 쉽고 깊은 세계가 있는 것입니다. 좀 전에 언급한 사카무라 신민 선생의 시집《항상 마음에 두고 생각하면 꽃이 핀다》안에는 '복숭아나무 꽃핀다'라는 제목을 붙인 짧은 시가 있습니다.

병이
또 하나의 세계를
열어주었다
복숭아나무
꽃핀다

이 시는 제가 무척 좋아하는 시입니다. '깊은 내용을 쉽게'라는 것을 구현한 훌륭한 작품이라고 느낍니다. 깊은 내용을 쉽게 전한다는 것은 간단하지 않습니다. 그래서 표현을 궁리하고 말을 골라야만 합니다. 때로는 복잡한 것을 풀어서 전하려는 노력을 해야만 합니다. 평이하고 읽기 쉽지만 뜻은 깊습니다. 저희는 그런 책을 목표로 삼고자 합니다.

〈니혼게이자이〉신문에 '나의 이력서'라고 하는 인기가 있는 연재가 있는데 이를 읽는 사람도 적지 않을 것입니다. 연재 주기가 월초에 시작하여 월말에 끝나는데, 실은 내용이 무척 재미있을 때와 그렇지 않을 때가 있습니다. 저는 그달의 연재가 재미있는가 재미있지 않은가를 1회분으로 판별하는 요령을 터득했습니다. 그 기준은 한자가 많은지 아닌지 여부입니다.

한자가 많다는 것은 고유명사가 많다는 뜻입니다. '나는 어디 지방의 누구의 자식으로, 친척에는……' 등과 같이 고유명사투성이로 시작하면 대부분 별로라고 판단하는 것이 좋습니다. 독자는 인물의 출신, 신분과 같은 '외적인 면'보다도 '내용'에 관심이 있기 때문에, 두드러진 에피소드에서부터 이야기가 들어가는 편이 재미도 있고 이해하기 쉽습니다.

지금도 기억하고 있는데, 바둑의 명예 기성이었던 고(故) 후지사와 슈코 선생의 '나의 이력서' 1회는 충격적이었습니다.

"내게는 몇 명의 형제가 있는지 모른다."

이런 이야기부터 시작됩니다. "아버지에게 애인이 몇 명이나 있고 자신도 애인이 낳은 자식이기 때문에 형제가 몇 명인지 모른다"고 솔직하게 털어놓은 것입니다. 본인도 술, 도박, 여성 문제로 전대미문의 삶을 살며 '최후의 무뢰한'으로 불렸다고도 하지만, 후진 양성에는 노력을 아끼지 않았다고 합니다. 그 내용이 이해하기 쉽고 깊으며 무엇보다 단순하게 재미있습니다.

실제로 이 연재는 단번에 읽었을 뿐만 아니라 1개월분을 전부 복사해서 보관하기도 했습니다. 말하자면 이 연재는 자신의 부족한 면을 드러내는 대목에서부터 시작하고 있습니다. 어려운 말을 하려고 하거나 자신을 잘나게 보이려고 하는 것과는 정반

대입니다.

한편, 정확히 반세기 전에 간행되었던 책인데 우메사오 다다오 선생의 밀리언셀러에 《지적 생산의 기술》이 있습니다. 언뜻 어려운 듯한 주제의 책이지만 페이지를 펼치면 쉬운 말이 많습니다. 무엇보다도 '독자에게 닿아야만 정보다'라는 저자의 신념을 강하게 느꼈던 책입니다. 그 용이함, 이해하기 쉬움이 더욱 그 사람의 대단함을 느끼게 합니다. 역시 '진리는 이해하기 쉬운 것'이어야 합니다.

하나의 메시지가 성패를 결정한다

책을 만들 때 잊어서는 안 되는 것이 있습니다. 그것은 바로 책을 만드는 일이 특정 장르나 저자가 자신 있어하는 분야를 깊이 파고들어가는 작업이라는 사실입니다. 송곳으로 구멍을 내려고 하듯이 어떤 한 가지 장르의 내용을 계속 깊게 파고들어가는 일이라는 것입니다.

잡지는 전문지와 일반지로 나뉘는데, 일반지의 경우는 색으로 예를 든다면 그 안에 빨간색이 있거나 노랑색이 있거나 검정색이 있거나 해도 좋습니다. 잡지는 역시 색이 다양합니다. 그러나 책의 경우는 '빨간색도 노랑색도 검정색도 있을 수 있다. 하지만 이 책은 파란색에 대해서 이야기하고 있다', '파란색에만 한정해서 전하고 있는 책이다'라는 점이 명확해야만 합니다. 기치를 선명히 하여 '이 책은 파란색에 대해 말하고 있기 때문에 노란색에 대해서는 다루지 않습니다'와 같은 주장이 드러나는 것이 중요합니다. 단일하고 좁은 장르를 어느 정도 깊게 깊게 파내려가야 합니다. 이를 제대로 해내면 책에 확실하게 에너지가 집중되어 독자에게도 색이 전해집니다.

실제로 과거의 빅히트작을 보면, 깜짝 놀랄 만한 단어로 타이틀을 압축해서 한정시키는 방법을 쓴 책이 팔리기도 했습니다. 예를 들면 《완전자살 매뉴얼(完全自殺マニュアル)》이라는 책입니다. 저는 이런 내용이 책이 될 수 있을까 싶어서 솔직히 선마크 출판사에서는 낼 수 없겠다고 생각을 했었는데, 찬반양론이 있었지만 책은 크게 성공을 했습니다. 한 곳을 돌파하여 '여기까지 만들겠다'라는 편집광적인 노력을 한 결과 성공을 거둔 것이라고 느꼈습니다. 최근에는 《응가(うんこ)》 교재 등이 좋은 예가 될 수도 있겠습니다.

《어째서 학은 외다리로 자는 것일까(ツルはなぜ一本足で眠るのか)》라는 책도 학 이야기만을 쓰고 있는 것이 아니라 동물 전반에 대해 쓰고 있습니다. 하지만 상징적인 메시지를 제목으로 만들어 이를 독자에게 재미있게 전하고 있습니다. 《대나무 장대 장수는 왜 망하지 않는가?(さおだけ屋はなぜ潰れないのか?)》라는 책도 마케팅 책인데, 대나무 장대 장수라는 것을 하나의 상징으로 내걸고 저자의 논점을 한 곳으로 좁혀 응축시킨 구성으로 성공을 거두

고 있습니다. 제목으로 성공한 예이기도 하지만, 독자의 공격을 막아낼 수 있는 확실한 범위 내에서 송곳처럼 구멍을 내듯이 깊이를 더해 갔습니다. 이를 거꾸로 말하면 자기 논점이 확실한 저자가 쓴 책은 재미있을 가능성이 있다는 뜻입니다.

단행본이라는 것은 '무엇을 말하고 싶은가'를 명확히 제시하여 '그것이 독자에게 공감과 감동을 줄 수 있는가 아닌가'에 달렸습니다. '하나의 메시지'가 성패를 결정한다는 뜻입니다.

끌리는 한 줄이면 된다

책 한 권에는 일정한 두께가 있습니다. 한 권의 책을 만들기 위해서는 나름의 정보량이 있어야 한다는 것도 사실입니다. 하지만 그렇다고 해서 여러 가지 내용을 많이 넣으려고 하면 어쩐 일인지 진행이 매끄럽게 되지 않습니다. 독자에게 메시지를 전달하기 위해서 '이 이야기도 말해두어야 만 해, 저것도 써놓아야만 해' 하는 상황이 되기 쉽습니다. 그러니 극단적으로 말하자면 '책을 한 권 읽고 줄을 하나 그을 수 있으면 좋다' 정도로만 생각해도 됩니다.

이런 말을 하면 책 한 권을 새로 쓰려고 생각 중인 사람은 조금 힘이 빠져버릴지도 모릅니다. 그러나 제 경험에서 보면 '이 한

줄만으로도 좋다'고 생각하며 책을 읽는 경우가 있습니다. 그것만으로 어느 정도 만족해버리게 됩니다. '과연 그렇구나, 이 내용은 들은 적이 별로 없어서 제법 참고가 되는구나, 내일부터 한번 해보자……'와 같은 마음이 생기는 부분이 있다면 줄을 긋고 싶어집니다. 이런 내용이 한 군데만 있으면 됩니다.

책은 어떤 의미에서 그런 것이기도 하다고 생각합니다. 이 말은 즉, 저자가 전해야 할 것을 철저하게 갈고 닦아야 한다는 뜻이기도 합니다. 깊게 파고 들어가 강화시켜야만 합니다. 저자 자신, 혹은 편집자와의 공동작업을 통해 그 부분을 확고히하는 것이 매우 중요합니다.

바꾸면 좋은 것과
바꾸면 안 되는 것

⋮

독자는 지금껏 보거나 들은 적이 없는 무언가를 만나고 싶어합니다. 끊임없이 무의식중에 놀라움을 찾고 있습니다. 다만, 새롭다고 다 좋기만 한 것은 아닙니다. 쓸데없이 신기한 쪽을 목표로 삼아도 그에 대한 배경이 없으면 한순간에 간파당하고 맙니다. 오히려 바꿔서 좋은 것과 바꾸면 안 되는 것을 정확히 구분해야 합니다.

저희는 새로운 도전도 하지만, 의외로 왕도를 걷고 있을 뿐이라는 말도 자주 듣습니다. 이른바 불역유행(不易流行, 바꾸지 않으면서 변한다는 뜻으로, 변함없는 원칙을 지키면서도 시대와 상황에 알맞게 혁신함을 이르는 말 −옮긴이)입니다. 이는 제조업에 불가결한 개념이라고 생각합니다. 본질적인 부분에서 가장 중요한 것을 분명하게 파악을 해야 합니다. 그러고 나서 그 당시의 성향을 갖추어야 합니다. 그 시대의 경향과 분위기를 책에 입힌다는 뜻입니다. 바로 그런 것을 독자가 원하고 있다고 생각합니다.

놀라게 하는 것이 힘이다

2년에 걸쳐
재택근무를 한 편집자

앞서 '크게 성공하는 책의 5가지 공통점'을 소개했는데, 그 첫 번째가 '놀라운 타이틀인가'였습니다. 책의 경우에는 역시 제목이 대단히 중요합니다. 독자는 먼저 제목에서부터 유입되기 때문입니다. 거기에 놀라움과 새로움, 발견이 없다면 좀처럼 선택을 받을 수 없습니다. 그렇기 때문에 타이틀 만들기는 편집자의 매우 중요한 일이며 최종 결정 시에는 결단이 요구됩니다.

저는 사장이 되고 얼마간 기획회의에는 참석하지 않았지만, 타이틀에 대해서는 오랫동안 최종적으로 결재를 해오다가 최근 5년 정도는 각 편집장에게 위임하고 있습니다. 회의에 참석하지 않게 된 이유는 편집자 입장에서 사장에게 이런저런 말참견을 듣고 싶어하지 않을 거라고 생각했기 때문입니다. 저도 편집자였기 때문에 잘 압니다. 그래서 재량권을 주고 맡기는 편이 좋습니다. 책의 기획 단계에서는 제목이 정식으로 정해지지 않는 경우가 대부분입니다. 기획을 진행해가는 가운데 편집자가 지혜를 짜냅니다. 결정을 하고 나서도 끝까지 고민을 하는 경우도 많습니다.

타이틀이라고 하니 잊을 수 없는 에피소드가 있습니다. 2003년에 간행되어 67만 부를 넘는 베스트셀러 및 스테디셀러가 된 《원인과 결과의 법칙》입니다. 담당은 스즈키 나오키 씨였습니다. 실은 이 책을 내기 전에 그의 부인이 중병에 걸렸습니다. 아직 어린 3살짜리 아이를 안고 병원을 전전하다 마지막에는 자택에서 간병을 하게 되었습니다. 그 말을 듣고 바로 재택근무로 일을 하도록 제안을 했고 그도 받아들였습니다. 그리고 2년 정도 재택근무를 하며 간병에 온 힘을 다했습니다. 그러나 안타깝게도 부인은 세상을 떠났습니다, 당시 그의 내면에는 '할 수 있는 일은 전부 했는가' 하는 마음이 남았다고 합니다.

저는 직원이 어려움을 겪고 있을 때 회사가 재택근무를 하게 하는 것은 당연한 일이라는 생각이 있었는데, 그의 입장에서는 뭔가 회사에 보답을 하고 싶다는 강한 생각을 하게 되었던 것 같습니다. 그것도 한 가지 간접적인 원인이 되었을지도 모르겠습니다. 생각지도 않은 곳에서 의외의 만남을 통해 이 책이 태어나게 된 것입니다.

:

《원인과 결과의 법칙》의 저자인 제임스 알렌은 100년도 전에 이 책을 쓰고 모국인 영국 이외에서는 저작권을 무료로 하도록 했습니다. 완역을 해도 그다지 두껍지 않은 분량의 책으로, 그때까지 일본 국내에서는 짧은 초역본만 나와 있었었습니다.

스즈키 씨는 우연히 당시 이바라키(茨城)에서 번역일을 하고 있던 사카모토 코이치 선생의 자택에 식사 초대를 받아 이런저런 이야기를 하고 있었다고 합니다. 그런 다음 돌아올 즈음에 사카모토 선생이 "실은 이 책의 완역판을 언젠가 직접 내보고 싶어요"라고 말을 꺼냈던 것입니다. 그리고 스즈키 씨는 사카모토 선생에게서 A4 사이즈로 20매 정도의 원고를 건네받았습니다. 그리고 원고를 읽고 다음 날 바로 제게 이야기를 했습니다. 저는 그 자리에서 진행을 하도록 허락을 했습니다. 사장이 된 다음 해의 일이었습니다.

고생을 해온 스즈키 씨가 회사를 위하는 마음으로 가지고 와준 고마운 기획이라고 느꼈습니다. 저는 이같은 인연과 복선 같은 것을 중요하게 여기고 있습니다. 그리고 책의 제작이 진행되고 타이틀에 대해서도 몇 번인가 서로 이야기하는 가운데《원인과 결과의 법칙》이라는 책의 내용에 딱 맞는 타이틀로 내정을 했고 영업부의 평판도 더없이 좋았습니다.

그런데 그 후, 제 안에서 망설임이 생겼습니다. 여성 독자를 고려한다면 이 타이틀은 좀 딱딱하지는 않을까 하고 생각한 것입니다. 상세한 내용은 잊어버리고 말았지만 스즈키와도 상담을 한 후에,《……의 성공 비결》처럼 이제와 생각하면 진부하고 마케팅에 용이한 타이틀로 바꾸려고 했습니다. 표지 디자인도 이미 당초의 디자인을 변경하는 방향으로 진행하고 있었는데, 영업회의에서 "타이틀을 바꾸고 싶다"고 말을 했더니 영업부 전원이 안색을 바꾸며 화를 낸 것입니다. "타이틀을 바꿔서는 안 된다.《원인과 결과의 법칙》이 아니면 곤란하다"고 말입니다. 이런 상황은 과거에 한 번도 없었습니다. 그 무서운 기세에 저도 스즈키 씨도 놀랐습니다. 영업부 직원들의 기백에 압도되어 표지를 변경하겠다는 안을 그 자리에서 중지시키고 원래 안으로 되돌리도록 지시를 한 것은 말할 필요도 없습니다. 이런 경험을 거쳐서 이 책이 세상에 나왔고 17년에 이르는 스테디셀러의 가도를 걷게 된 것입니다.

다시 한번 이 책의 표지 바라보며 느끼는 것은, 역시《원인과 결과의 법칙》이라는 제목이 영업적인 측면에서도 '놀라움을 낳는 타이틀이었다'라는 사실입니다.

긍정의 본능을 부정하지 않는다

저는 사물을 파악하는 방법에 대해서는 '부정적이 아니라 긍정적인 방향에서 생각한다'는 것을 중요시 여겨왔습니다. 그리고 책을 만들 때에도 이를 실천하고 있습니다. 예를 들면 책의 타이틀도 역시 부정적인 방향의 타이틀, 부정적인 방향성을 가진 타이틀은 독자로부터 그다지 지지를 받지 못합니다. 한마디로 팔리지 않는 것입니다.

실제로 이런 일이 있었습니다. 2009년에 간행된 사이토 마사시의 《체온 1도가 내 몸을 살린다》는 70만 부를 넘는 베스트셀러가 되었습니다. 이 책의 타이틀은 담당 편집자였던 다카하시 토모히로 씨가 '체온이 낮으면 병이 든다'는 또 다른 안을 두고 망설이고 있었던 타이틀입니다. 참 고민스러운 부분이었는데, 메인 타깃은 여성이라는 점에서 시험 삼아 모든 임원이 집에 타이틀을 가지고 가서 아내에게 물어보기로 하였습니다. '체온을 올리면 건강해진다'와 '체온이 낮으면 병이 든다.' 압도적으로 지지를 얻은 것은 전자였습니다. 후자는 형편없이 평이 나빴습니다. '병이 든다' 등으로 제목이 쓰인 책은 사지 않겠다는 말이었습니다. 결과적으로, 아내들의 협력을 얻어 타이틀은 전자로 결정을 했고 책은 크게 히트를 했습니다.

제1장에서도 언급했지만, 타이틀뿐만이 아니라 긍정적인 방향에서 생각하거나 사물을 파악하는 것은 무척 중요합니다. 같은 체험을 해도 즐거운 일을 많이 기억하고 있는 사람과, 괴로웠던 일을 많이 기억하는 사람이 있습니다. 물론 미래를 대비하기 위해서 괴로웠던 일을 기억해둔다는 관점도 중요합니다. 하지만, 저는 힘들었던 일은 가능한 한 잊고 즐거운 일을 가급적 많이 기억하고 살아가는 편이 좋은 인생을 꾸려갈 수 있는 것이 아닐까 하는 생각을 합니다.

저는 할 것인가 하지 않을 것인가 기로에 놓여 있을 때에도 적극적으로 시작하는 쪽을 고릅니다. 그러는 편이 긍정적인 방향으로 이어지기 때문입니다. 하지 않았다는 후회보다도 하고 난 후에 하는 후회가 좋다는 것이 제 사고방식입니다. 정확한 계산 같은 것이 가능할 리도 없지만, 그 편이 밀도 높은 인생이 되지 않을까 싶습니다.

제3장 머리로 하는 일과 몸으로 하는 일

AI(인공지능) 때문에 80퍼센트의 사람이 일을 빼앗긴다는 이야기도 있지만, 긍정적인 방향에서 본다면 새로운 것이 생겨나고 거기에서 새롭게 태어나는 직업도 있을 것입니다. 또한 지금까지 인류가 경험한 적 없는 변화가 기다리는 재미있는 시대를 살아갈 수 있는 것은 무척 행운이라고 생각합니다. 사물은 받아들이는 방법에 따라 달리 보입니다. 옛날에 읽은 적이 있는 장기 기사인 나이토 쿠니오 9단의 에피소드가 지금도 잘 기억이 납니다. 젊은 시절부터 조숙한 천재라 불렸는데, 중요한 대국에서 진 뒤 침울해져 있었습니다. 의기소침해하고 있던 그에게 어머니가 이런 말씀을 했다고 합니다.

"네가 진 덕분에 이긴 사람이 생겼으니 좋은 일 아니겠니."

인생은 모두 겉과 속이 다릅니다. 받아들이는 법에 따라 속도 겉이 되는 것입니다.

아이디어는 기습적으로 떠오른다

제목을 바꾸는 것만으로
밀리언셀러가

⋮

앞서 말했듯이 타이틀이 책의 운명을 좌우하는 일도 많기 때문에, 편집자는 특히 최고의 제목을 목표로 삼아 계속 생각해야 하는 숙명을 짊어지고 있습니다. 예를 들면 저도 《뇌내혁명》 때에는 취재가 시작된 직후부터 반년 가까이에 걸쳐 계속해서 타이틀을 생각했습니다. 업무 중은 물론이고 휴일에 모래밭을 산책하거나 집에서 우두커니 있을 때도, 머리 한구석에서 무의식적으로 계속 생각을 하게 되는 것입니다. 그리고 좋은 제목안이 떠오르면 편집회의에서 다른 편집자의 의견을 듣고 또다시 다듬습니다. 이런 일을 몇 번이고 몇 번이고 반복해서 가까스로 완성에 이르렀습니다.

많은 경우, 책상 앞에 앉아서 '이것도 아니고 저것도 아니야'라고 생각을 하는 일도 반드시 필요하지만, 특히 그 기획에 대한 기대치가 높은 책은 그렇게 하는 것만으로는 좋은 제목안에 도달할 수 없습니다. 전철을 타고 있을 때도, 책을 읽고 있을 때도, 욕실에서 느긋하게 쉬고 있을 때도, 어딘가에서 계속 제목을 생각하고 있어야 합니다. 바로 잠재의식하에서 생각하고 있는 상태를 유지하는 것입니다.

그야말로 2주나 1개월, 그 이상인지는 알 수 없지만 계속 생각을 하고 있으면, 아직 아침 해가 떠오르기 전쯤에 머리맡에서 문득 제목안이 떠오릅니다. 마치 제목이 스스로를 꽉 붙잡으라고 말하는 듯합니다. 그 정도로 집중을 해서 계속 생각해야만 하는 것입니다. 중요한 것은, 잠재의식하에서 얼마나 생각했는가 하는 것입니다. 거기까지 자신을 몰아붙여 생각을 거듭하지 않으면 정말로 좋은 제목은 떠오르지 않습니다.

제목이 얼마나 중요한가를 잘 보여주는 흥미 깊은 에피소드가 있습니다. 한국에 많은 히트작을 내고 있는 '북21'이라는 출판사가 있습니다. 이 회사의 사장은 일 년에 몇 번이고 일본을 방문하여 일본 책을 수십 권이나 구매를 하며 연구를 하고 있었습니다. 한국에 갔을 때 사장과 만나서 제목에 대한 저의 지론을 이야기했더니 "우에키 사장님, 확실히 그래요, 맞습니다"라고 대답을 하는 것입니다. 제목이 얼마나 중요한가에 대해 자신들한테도 경험이 있다고 말이죠.

이전에 어떤 번역서를 낸 적이 있다고 합니다. 원제가 《YOU Excellent!》로 '당신은 대단하다'는 의미인데, 원제와는 전혀 다른 제목으로 한국어 출판을 한 것입니다. 원서의 내용이 좋아서 사장은 매우 마음에 들어했지만 유감스럽게 전혀 팔리지 않았습니다. 이 분이 훌륭한 것은 거기에서 단념하지 않고 이미 출판된 책을 과감히 절판시키고 완전히 다른 타이틀로 바꾸어 다시 팔기로 결단을 했다고 합니다. 그 타이틀이 바로 이것입니다.

《칭찬은 고래도 춤추게 한다》

뜻밖의 타이틀을 생각해낸 것입니다. 고래가 서서 춤을 추는 그림이 눈앞에 떠오릅니다. 정말로 '놀라움'이 있는 타이틀이며 긍정적인 방향의 제목입니다. 그리고 경탄할 만한 사실은 이 책이 한국에서 무려 밀리언셀러가 되었다는 것입니다. 전혀 팔리지 않았던 책이, 타이틀 하나로 밀리언을 달성한 것입니다. '제목이 얼마나 중요한가'를 잘 보여주는 사례입니다. 다만, 더 중요한 것은 이 사장이 원서의 내용에 홀딱 반해서 '이것이 히트하지 않을 리 없다'고 열정을 계속 불태웠던 것이라고 생각합니다. 한마디로 '크리에이터혼'이 불가능을 가능하게 만드는 것입니다.

하늘은 끝까지 노력하는 사람을 돕는다

⋮

프로야구 명선수이자 명감독으로 유명한 고(故) 노무라 가쓰야 선생은 고교시절에는 약소 팀의 선수였는데 프로야구 난카이(南海) 팀에 연습생으로 입단을 하게 되었습니다. 일찍이 아버지를 여의었기 때문에 집이 어려워 가족과 지역사회, 고향인 교탄고(京丹後)시의 기대를 한몸에 받으며 프로에 입단하게 되었습니다.

그러나 당시 매년 우승 경쟁을 펼치고 있던 난카이에서는 출전 기회가 적어 첫해에는 무안타로 끝났습니다. 그리고 시즌 오프 때 방출 통보를 받고, "여기에서 해고되면 살아갈 수 없습니다. 해고된다면 난카이 전철에 뛰어들어 죽겠습니다"라는 말을 했습니다. 이런 말을 들으면서까지 구단 측이 해고를 단행할 리

밀리언의 법칙

도 없습니다. 일어날 가능성이 없는 말을 했다는 부분에서 나중에 대활약을 펼칠 노무라 선수라는 인간의 대담함이 싹텄다고 느낀 것은 저뿐만은 아니겠지요.

'채용할 때 무엇을 가장 중시합니까?'라는 질문을 자주 듣는데 답을 한가지로 압축한다면, '목표를 달성하겠다는 높은 의욕'입니다. 그것을 갖추고 있는 사람은 어려움에 도전하는 일을 싫어하지 않으며, 스스로 결정한 것을 철저하게 끝까지 해냅니다. 계속해서 '철저하게 해내면' 하늘이 내 편이 되어 주는 법입니다. 이는 편집자든지 프로야구 선수든지 변함이 없습니다.

인간에게는 교육과 연수에 의해서 배울 수 있는 것과 배울 수 없는 것이 있는데, '목표를 달성하겠다는 의욕'이라는 것은 후자에 속하는 것 같습니다. 따라서 선천적인 요소에 좌우되거나 유소년기부터 기껏해야 10대까지의 자라온 환경에 따라 몸에 배는 자질이라고 생각합니다. 제가 순조롭게 일이 잘 풀려온 것보다 '어려움을 극복해온 체험'을 중시해온 것도 어쩌면 이같은 배경에 본능적으로 센서가 작용했기 때문일지도 모릅니다.

'철저하게 해내는' 자세를 가진 사람은 물론 학업에서 그런 자세를 발휘하는 경우도 없지는 않습니다. 하지만 대부분은 학업 이외의 상황에서도 20세가 지나기 전에 이미 성과를 올리고 있다고 볼 수 있습니다. 목표 달성에 대한 의욕의 높은가를 재는 지표라는 점에서 말하면, 예능 입시도 이치에 맞는 것 같습니다. 한 가지 기예에 뛰어나기 위해서는, 정신을 집중하고 유혹을 배

제하며 철저하게 대상에 몰입해서 자신을 관리하고, 동시에 그것들을 계속할 수 있는 끈기를 가져야만 합니다. 그것을 이룰 수 있는 사람은 다른 일에 임해도 월등한 결과를 낼 수 있는 경우가 많겠지요.

저희는 많은 뛰어난 인재들 덕분에 수많은 히트작을 낼 수 있었습니다. 그야말로 '사람이 모든 것'입니다. 직원 한 사람 한 사람을 보고 있으면 한 가지 기예에 뛰어나거나 여러 재주를 가진 사람이 많습니다. 고교 시절에 합창부의 부장으로 팀을 이끌며 전국대회에서 우승을 한 사람, 대학 시절 골프부에서 핸디캡이 5였던 사람, 사회인이 되고 나서도 검도를 계속해서 6단을 딴 사람, 또 오리지널 곡을 다수 보유한 사내 밴드에서 활동하는 사람에 이르기까지 일일이 셀 수가 없습니다. 그리고 어찌 된 일인지 저희 회사에 소속된 약 50명의 직원 중 16명이 마라톤부에 소속되어 있는데 그중 마라톤 풀코스 완주자가 12명, 트라이애슬론 완주자가 2명이나 있습니다. 저는 이를 목표달성에 대한 의욕이 높은 집단이라는 증거라고 생각을 하며, 기대감을 가지고 긍정적으로 받아들이고 있습니다.

지갑은 논리로 열리지 않는다

논리로 사지 않는다
좋아하니까 산다

⋮

누구라도 그렇지만, 매사에 몇 개의 사실을 기반으로 조리를 세워가는 것이 보통입니다. 그 같은 경험을 거듭하는 가운데 조리라는 것이 때로는 '그럴 듯한 논리'로 바뀌어 갑니다. 물론 논리에 따라 생각하는 것은 글자 그대로 이치에 맞으며 납득하기가 쉽습니다. 다만, 논리가 모든 것을 설명해주는 것은 아니라는 사실도 늘 염두에 두어야만 합니다.

논리를 극한까지 몰아붙인다고 해서 정답에 도달할 수는 없습니다. '답은 없다'는 사실도 포함을 해서 상황을 이해하지 못하면 정말로 최고의 것은 만들어내지 못하는 것이 아닐까 하고 생각합니다. 이치와 논리를 100퍼센트 앞세워 일을 하고 있으면 무언가 해명이 될 것이라는 자세를 가지고 있는 한, 특별한 것은 만들어지지 않는다는 것이 제 사고방식입니다.

일본경영합리화협회의 무타가쿠 선생으로부터 이런 이야기를 들은 적이 있습니다.

"학교 교육에 대해 답이 맞는가 맞지 않은가로 우열을 다퉈왔습니다. 맞는가 맞지 않는가에 답할 수 있다면 좋은 성적을 남길 수 있고 소위 좋은 학교에 갈 수 있었지요. 그러나 사회에 나오면 어떻게 되나요? 차를 사기 위해, 스카프를 사기 위해 맞는가 맞지 않는가 같은 이유로는 사지 않습니다. 좋아하니까 사는 것이죠. 좋아한다는 감성이 촉발되어 구입으로 이어지는 것이며, 만드는 사람과 파는 사람은 그 감성을 더욱 이해하지 않으면 안 됩니다."

학교에 다닐 때에는 답이 있는 질문에 대한 답을 구할 수 있는 실력을 가지고 있는지 여부를 시험당합니다. 하지만 사회에서는 답의 유무에 상관없이 '질문을 던지는 능력이 있는가' 하는 점에서 시험을 당합니다. 혹은 답이 없는 질문에 답하기 위해 칠전팔기로 고생을 해서 어려움을 이겨낸 능력이 시험대에 오릅니다. 결국 사회는 이치를 내세우는 세계와는 전혀 다른 구조로 되어 있습니다. 학교 공부를 잘했다고 해서 감성이 뛰어난 것은 아닙니다. 이치를 앞세우는 세계와는 전혀 다른, 감성으로 승부가 결정되는 세계를 향해 눈을 크게 떠야만 합니다. 그를 위해서는 최고의 것을 보고 최고의 것을 들어야 합니다. 그렇게 해야만 사람은 단련이 됩니다.

한편, 끝까지 이치를 내세우며 공격해서 대상의 가장 중요한 부분에 도달하려고 하는 시도도 절대적으로 필요하겠지요. 그러나 그것만으로는 논리에 배신당할 수 있습니다. 감성도 중시해야 합니다. 즉, 논리와 감성 양자가 필요합니다. 이처럼 자동차든 스카프든 책이든 사람들에게 '좋다'는 말을 듣기 위한 길은 멀고도 험한 것입니다.

어울리는 자리에서 시작한다

⋮

만드는 사람 입장에서 중요시 해야만 하는 것. 이것은 '본연' 과도 관계한다고 생각하지만, 중요한 장면에서는 자신의 자리로 되돌아가는 자세입니다. 그렇게 하지 않으면 실패하게 되는 일이 적지 않습니다. 이는 딱히 책 만들기에 한정된 것이 아니라 인생의 어떤 국면에서도 응용할 수 있는 지혜이기도 합니다.

업무에 관한 이야기는 아니지만 이런 일이 있었습니다. 제 외아들은 모 사립대학의 법학부 정치학과를 졸업했는데, 수험을 치를 당시에 의학부와 법학부만은 면접을 봐야 했습니다. 저는 아들에게 이런저런 말은 전혀 하지 않는 부모였지만 그때만은 조언을 했습니다.

"정치학과라고 해서 프로인 교수에게 정치 화제로 맞서려고 하지 마라."

그보다도 면접관을 얼마나 네 자리로 끌어들일 수 있는가를 생각하라는 것만 말했습니다.

아들은 초등학생 때 줄넘기를 잘했는데 시 대회에서 우승을 하고 현 대회에 나가서도 우승을 했습니다. 그 기록은 6년 이상 깨지지 않았습니다. 그 이야기를 하라고 말했습니다. 또 한 가지, 고등학생 때 2주간 정도 옥스포드 대학에 연수를 갔었습니다. 그 때 유학생들이 모인 곳에서 일본의 가수 요시키(Yoshiki)가 작곡한 'Forever Love'를 피아노로 쳐서 갈채를 받았다는 이야기를 들은 적이 있습니다. 그래서 그 이야기도 하라고 말했습니다.

아들은 면접에서 이 두 가지 이야기를 하여 면접관 교수를 멋지게 자신의 자리로 끌어들여 합격할 수 있었습니다. 그런데 듣자 하니 함께 면접을 봤던 학생은 정치 이야기를 꺼내어 교수에게 그 자리에서 호되게 당해 울고 말았다고 합니다. 덕분에 저는 '아버지, 그래도 가끔은 좋은 말씀도 해주시네요'라는 말을 듣게 되었고 평소에 좋지 않았던 평판을 조금이나마 만회할 수 있었습니다.

그 후, 아들은 법과대학원에 들어가 사법시험 합격을 목표로 삼았습니다. 거의 한 번에 붙을 것 같다는 말을 주위에서 들었다고 했지만, 설마 했는데 두 번이나 실패를 했습니다. 당시에 사법시험 수험은 세 번까지만 볼 수 있다는 가혹한 규정이 있었기 때문에 저희 부부도 조마조마했습니다. 다행히도 세 번째로 본 시험에 합격했을 때 제가 말했습니다.

"나도 삼수를 했어. 하지만 지금에 와서 그것은 좋은 경험이었다고 생각한다. 변호사가 되면 괴로움에 찬 의뢰인들이 많이 찾아올 거야. 너의 고통스러웠던 체험은 그곳에서 쓸모가 있을 거다. 그 체험을 하늘로부터 받은 자비였다고 생각하거라."

어쩌면 합격했기 때문에 그렇게 말할 수 있었을지도 모릅니다. 하지만 그것은 본심이었습니다. 아들은 지금 자신이 있어야 할 자리를 찾아 변호사로서 열심히 일하고 있습니다.

제4장

밀리언을 만드는
시스템

직원과 그의 가족에 보답한다

선마크 출판의 밀리언셀러는 총 8권인데 제가 편집자로서 직접 다룬 것은 편집장 시절의 《뇌내혁명》과 속편인 《뇌내혁명②》 2권뿐입니다. 나머지 6권은 전 직원이 노력을 해서 만들었습니다. '이 베스트셀러를 바로 내가 만들었지' 같은 생각은 전혀 하지 않습니다. 회사 전체가 큰 성공작을 만들어낼 수 있는 실력을 갖추고 있었기에 이루어낸 일라고 생각합니다. 이 장에서는 이런 환경을 만들기 위해서 경영자로서 무엇을 했는가에 대해 말하고자 합니다. 우선 경영자로서 중요시 여겨온 것은 의외라고 생각할지도 모르지만, 베스트셀러를 거침없이 낼 수 있는 회사가 되자는 마음은 아니었습니다. '직원에게 보답하고 다가서는 회사를 지향하고 싶다'는 마음이었습니다.

저부터가 전 직장에서 이직해 소위 '풋내기' 시절부터 일을 시작하면서 운 좋게도 편집장에서 임원이 되었고, 그리고 사장이 되었습니다. 젊을 때부터 경영자가 되겠다는 생각은 전혀 없었고 상사에게 하고 싶은 말은 거리낌 없이 하는 사람이었기 때문에, 사장이 된 것은 그야말로 운명의 장난이라고밖에 말할 수 없습니다. 그 같은 커리어를 거쳐왔기 때문일지도 모르지만 직원 입장에서 무엇을 받는다면 기쁠지를 늘 생각해왔습니다.

회사에서 근무하고 있으면 대부분의 시간을 일에 쏟게 됩니다. 예를 들면 회사에서 지급받은 것이 아닌 개인의 휴대전화라고 해도 틀림없이 70~80퍼센트는 업무에 사용할 것입니다. 직원은 매일 업무 본위의 생활을 하고 있다는 뜻입니다. 이에 대해서 저는 때때로 직원들이 만약 개인적으로 무슨 일이 있을 때 회사 이외의 것에 인생의 비중을 크게 두지 않는 것은 이상한 일이 아닌가 하고 계속 느껴왔습니다. 예를 들면 가족이 병에 걸려서 장기간 간병이 필요할 수도 있습니다. 또는 자신이 병에 걸리고 말 수도 있겠지요.

앞서 2년간 재택근무를 한 직원의 이야기도 썼지만, 직원이 평상시 70~80퍼센트의 비중으로 매일매일 회사의 업무에 시간을 쓰고 있는데, 막상 곤란한 상황에 맞닥뜨렸을 때 회사가 그런 일은 나 몰라라 하는 식의 태도는 허용될 수 없다고 생각합니다. 말하자면 직원은 생활의 70~80퍼센트를 할애함으로써 회사에 이익을 만들어주고 있는 것입니다.

한편 회사에는 '빚'이 있습니다. 그러므로 균형을 잡는 의미에서 직원이든 그 가족이든 뭔가 일이 생겼을 때는 당연히 회사가 지원을 해야만 합니다. 오랜 기간 계속해서 이같은 사고방식이 매우 중요하다고 느껴왔습니다. 그리고 다양한 상황에 맞게 힘을 다해 유연하게 대응을 해나갑니다. 그것이 하나의 강점이 될 수 있는 회사로 존재하고 싶습니다.

그저 겉치레로 하는 말이 아닙니다. 사실 간병을 위해 자택근무를 하거나 아이가 아직 어려서 유연 근무를 할 경우 성과가 안 나오지 않겠냐고 할 수도 있지만 그런 일은 전혀 없습니다. 오히려 안심하고 일함으로써 더 큰 성과로 이어지고 있습니다. 결국, 최종적으로 각각의 구성원이 착실하게 앞을 보며 전력투구를 하지 않으면 성과 같은 것은 나오지 않습니다. 그런 기반을 어떻게 만들 것인가. 그것이 역시 사장으로서 고민해야 할 큰일이 아닐까 싶습니다.

3만 부 이상일 때
정가의 1퍼센트를 받을 수 있는 포상

⋮

원래 선마크 출판이라는 회사가 전임 사장인 가지카와 케이치 시절부터 직원에게 보답하는 일에 대한 생각을 자주 했다는 사실부터 말할 수 있겠습니다. 그것은 직원으로서는 고마운 일이었습니다. 그래서 저는 거기에서 한 걸음 더 들어가 회사 본연의 모습에 대해 생각하게 되었습니다.

예를 들면 오래 전부터 존재해온 것인데, 저희 회사에서는 '기획상'이라는 상이 있습니다. 실제 판매를 통해서 3만 부 이상 팔린 책은 기획자에게 정가의 1%를 보너스로 지급하는 상입니다. 이는 편집자뿐만이 아니라 다른 부서라고 해도 기획을 했던 사람에게 지급하는 감사의 상입니다. 10만 부를 넘은 경우에는 그 1% 중의 절반이 개인에게 가고 나머지 반은 직원이 함께 쓰는 돈으로 모아 둡니다. 이는 크게 성공작을 내면 기획자 입장에서는 상당히 스케일이 큰 상이 됩니다. 저도 편집자 시절에 꽤 받았기 때문에 지금은 제가 받았던 것을 되돌려주고 있다는 느낌이 듭니다.

또한 매출과 이익 모두 연간 목표를 달성하면, 3년 이상 재직하고 있는 전 직원에게 '달성 상여'라는 명목으로 특별상여금이 지급됩니다. 회사의 이익금에 따르기 때문에 대폭 달성했을 때는 좀 놀랄 만한 정도의 상여금이 나옵니다. 수년 전에도 사내에서 1000만 엔(약 1억 원)을 받는 직원이 여기저기서 나온 적이 있습니다. 이렇듯 기본적으로 직원에게 환원하자는 것이 예전부터 이어져온 저희 회사의 풍토이며 지금도 그것을 답습하고 있습니다. 제가 새롭게 시작한 것도 적지 않은데, 프랑크푸르트에서 열리는 세계 최대의 도서전을 전 직원이 경험하게 한 것을 대표적인 사례로 꼽을 수 있습니다.

사장이 되기 전인 1998년부터 저는 몇 번이나 프랑크푸르트 도서전에 참가했습니다. 이전 도쿄국제도서전의 2배 정도인 전시장 건물이 10개 이상이나 있어서 규모의 크기에 우선 깜짝 놀랐습니다. 그렇게 며칠을 오가는 동안 가슴에 싹튼 것은 세계 출판 관계자와의 묘한 연대감이었습니다. 2019년에도 104개국에서 7,450개 출판사가 출전했습니다. 세계에서 다양한 인종과 다양한 언어를 쓰는 사람들이 모여 도서 저작권을 거래하는 장으로, 모두가 솔직하게 뜨거운 열정을 주고받습니다. 서로 기탄없이 사고파는 가운데, 모두가 책 만들기를 사랑하는 사람들뿐입니다. 이는 정말로 기분이 좋고 마음이 고양되는 경험입니다. 그리고 저녁 시간인 해피아워 때에는 와인을 한 손에 들고서 또다시 상담을 시작합니다.

프랑크푸르트 도서전을
모든 직원과 함께

⋮

그때까지 일본이라는 나라, 또는 선마크 출판이라는 회사 내에서만 제 일에 대한 인식을 해왔는데 사우디아라비아에서도, 인도에서도, 멕시코에서도, 편집자는 전 세계에서 열심히 책을 만드는 일과 마주하고 있다는 사실을 깨달았습니다. 게다가 말이 충분히 통하지 않아도 생각하고 있는 내용은 이상하게도 왠지 파동이 되어 흐르는 듯 자연스럽게 상대에게 전해지게 된다는 사실에 놀랐습니다. 어떤 종류의 공통된 '마음'으로 이어진 사람이 국경을 초월해서 존재하고 있었던 것입니다. 그 기쁨이 심금을 울렸습니다.

전시장에서 가지고 돌아온 번역 기획이 어느 정도 성공을 거둘 수 있는가 하는 점도 중요하다면 중요합니다. 하지만, 그때 가슴 뜨겁게 생각의 '중심'에 서 있던 것이 앞으로의 나에게 보다 더 중요해지지 않을까 하는 예감이 들었습니다. 게다가 각국의 출판사가 차린 부스와 전시하고 있는 책들도 근사했습니다. 터무니없이 돈을 들인 거대한 부스도 있었고 일본에서는 좀 눈에 띄지 않는 호화롭게 만든 백과사전이 있기도 했습니다. 부스를 보는 것만으로도 공부가 되며 즐겁고 가슴이 두근거렸습니다.

또한 각각의 출판사가 명확하게 자신들의 사명(mission)을 내걸고 있어 여기에서도 자극을 받았습니다. 우리의 사명을 표현한다면 어떤 말이 될 것인가 하고 자문자답을 했던 것도 이때가 처음이었습니다. 그리고 책 만드는 일을 직업으로 삼기를 잘했다고 느꼈습니다. 그래서 당시는 아직 사장이 될 것이라고는 생각지도 않았던 무렵이었지만 직원 모두를 이 장소로 데려오고 싶다고 생각했던 것입니다. 편집자뿐만이 아니라 지방의 영업사원도, 유통센터 직원도 모두 함께 말입니다. 도서전을 관람하면 틀림없이 감격을 하게 될 것이며, 또 와보지 않으면 이 굉장함을 모를 터입니다.

물론 프랑크푸르트에 가게 되면 그 나름의 비용이 듭니다. 그러나 그 정도의 일은 하고 싶었고 그 정도의 일을 할 수 있는 회사로 만들기 위해 노력하자고 생각했습니다. 그래서 사장이 되고 나서 그 생각을 실현시켰습니다. 약 50명 전원이 한 번에 같이 갈 수는 없지만 몇 년에 걸쳐서 순서대로 갔습니다. 모처럼 가는 유럽행이기 때문에 프랑크푸르트에서 곧장 귀국을 하지 않고, 프랑스 파리에도 머물러서 루브르 미술관뿐만이 아니라 물랭루주(몽마르트르의 번화가 클리시거리에 있는 댄스홀)도 '견학'을 하는 코스입니다. 그럼으로써 직원들이 일본에서는 접할 수 없는 다양한 자극을 받기를 원했습니다.

사실 파리에 들르는 일정이기 때문에 순수한 회사 업무인가 그렇지 않으면 단순한 관광인가 하는 세무적인 판단이 어렵다는 이유로 금액의 절반만 경비로 처리 가능하다는 사실을 알게 되었습니다. 그래도 전액을 회사에서 부담해서 가고 싶다고 판단했습니다. 저작권과 번역서 담당 스탭 이외에도 두 번, 세 번이나 간 편집자도 있습니다. 편집부 전원이 갔던 해도 있습니다. 업무를 유럽과 미국으로, 세계로 넓혀가는 것이 당연하다는 감각을 깨울 수 있기를 바랐기 때문입니다.

2016년은 밀리언셀러를 비롯한 히트작을 내는 행운에 힘입은 덕분에 다음 해인 2017년에는 해외연수도 갈 수 있었습니다. 이탈리아, 스페인, 하와이, 미국 서해안 코스 중에서 자신이 흥미 있는 곳을 골라 전 직원이 나눠서 갔습니다. 현지에서 서점 등을 시찰하고 오는 연수였습니다.

사실, 스페인에 갔던 《체간 리셋 다이어트》의 담당 편집자인 렌미 씨는 귀국 후에 제출한 리포트 안에서 다음과 같은 지적을 했습니다.

'스페인의 실용서는 대부분이 1색이며, 2색은 상당히 드물고 4색은 전무하다. 일본 실용서가 그곳에서 나온다면 팔릴지도 모른다.'

놀랍게도, 이 리포트에서 했던 '예언'은 현실이 되었습니다. 실제로 그때로부터 수년 후에 《체간 리셋 다이어트》의 스페인어판이 발매되는 행운에 힘입어, 그 직후에 스페인에서 무려 아마존 1위를 차지한 것입니다. 과한 이야기가 아니냐고 하겠지만 꾸며 낸 이야기도 아무것도 아닙니다. 다만, 저는 해외연수를 실시했다고 해서 이 같은 성과가 바로 나와야만 한다는 생각은 전혀 하지 않습니다. 직원에게 기대하는 것은 '비(非)일상'을 가능한 한 체험하길 바란다는 것뿐입니다. 그것은 책 만들기뿐만이 아니라 직원 각자의 인생 역시 틀림없이 풍요롭게 해줄 것입니다. 그리고 긴 안목으로 보면, 책 만들기에도 도움이 될 것이라고 생각합니다.

출판시장이 불황이고 과도한 경비가 들기 때문에 '해외 출장은 가지 않는다', '해외 취재 등은 당치도 않다'고 하는 목소리도 들리지만 저는 오히려 반대라고 생각합니다. 저희는 0에서 1을 만드는 일에 종사하고 있는 것이기 때문에 직원 한 사람 한 사람이 풍부한 경험을 하는 일은 반드시 필요하다고 생각합니다. 그런 점에서부터 바로 무엇인가가 태어날 것입니다.

실제로 다양한 우연도 만날 수 있습니다. 저희 회사는 느닷없는 인연이 놀라운 일의 성과로 이어진 경험도 많은데, 그것은 이렇게 계속해서 움직이고 있는 덕분이라고 느낍니다.

필요한 것은 씨앗을 뿌리는 일입니다. 그것을 다양한 곳에서 실천해갑니다. 싹이 나오는 것은 수년 후일지도 모르며 아예 나오지 않을 수도 있습니다. 하지만 그래도 상관없습니다. 손해라는 생각은 하지 않습니다. 씨를 뿌리면, 이후에는 집착을 하지 않고 뿌렸다는 것 자체를 잊으려고 합니다. 해야 할 일을 착실히 하고 그 이후에는 운을 하늘에 맡깁니다. 자신의 능력과 누군가의 도움, 이 양쪽에 겁니다. 그런 발상에 입각해서 출판이라는 일을 생각한다면 상당히 재미있는 일을 할 수 있지 않을까요.

긴장하면 실은 끊어진다

연간 목표를 달성하면
전원이 1개월 휴가

⋮

연간 목표를 달성하면 전 직원에게 상여금이 주어진다고 앞에서 언급했는데, 여기에 더해 또 한가지 직원에게 주어지는 것이 있습니다. 이는 다른 회사 사람들이 정말로 놀라는 부분인데, 전 직원에게 1개월의 목표 달성 휴가를 교대로 부여하는 것입니다.

이것도 제가 사장에 취임하기 전부터 있었던 제도입니다. 늘 긴장으로 덮여 있다면 실은 끊겨 버립니다. 그래서는 직원도 힘들고 회사도 그런 상태로는 어려움을 겪게 됩니다. 그 같은 의미에서도 매우 좋은 제도라고 생각합니다. 게다가 직원은 이 1개월의 휴가를 각자의 개성을 살려서 잘 이용하고 있습니다. 꽤 예전의 일인데 4년 연속으로 연간 목표를 달성한 적이 있습니다. 그

때 매년 1개월을 런던에서 홈스테이를 하면서 현지의 어학연수 학교에 다니며 4년에 걸쳐 영어를 자기 것으로 만든 직원이 있었습니다.

또한 밀리언셀러를 낸 경험이 있는 편집자가 새로 시작한 벤처기업에서 1개월을 무상으로 일을 했다는 여성 편집자가 있었습니다. 해외에서 마라톤 풀코스를 달린 직원도 있었습니다. 물론, 1개월간 매일 낮잠을 자도 좋습니다. 계속 독서를 하는 것도 좋고 글쓰기를 해도 좋으며, 이벤트에 계속 참여를 하거나 육아에 매진하거나 가족과 보내는 것도 좋습니다. 무엇을 해도 상관이 없습니다.

1개월을 모아서 한 번에 쓰지 않고 몇 번에 나눠서 휴가를 얻을 수도 있습니다. 부서와 입장에 따라서는 조금씩 쓰는 사람도 적지 않습니다. 그중 저도 감탄을 했던 이런 젊은 편집자도 있었습니다. 그는 1개월을 시코쿠(四国) 지방 순례를 했다고 합니다. 침낭을 메고 산길을 1,000킬로미터 가까이 걸어서 거의 답파를 했다는 것입니다. 이곳을 순례하는 사람들 대부분은 은퇴를 한 사람이거나 학생밖에 없다는 사실도 눈치챘다고 합니다. 산속에서 한밤중에 각다귀(다리가 길며, 몸이 가늘고 모기와 비슷하게 생긴 곤충)가 덮쳐서 도저히 잠을 잘 수 없어 다시 침낭을 메고 걸은 적도 있었습니다. 좀처럼 얻기 힘든 체험을 했구나 하고 느끼는 동시에 왠지 행복한 기분이 들었다고 합니다.

1개월이라고 하는 시간을 들여서 '비일상'에 푹 잠깁니다. 그에 따라 지금까지와는 다른 풍경이 보였다면 그것은 재산이 되겠지요. 다만 유감스럽게도 그는 사정이 있어서 그 후 퇴사하고 말았지만요.

'직원이 1개월이나 쉬면 회사가 괜찮을까' 하고 생각할 수도 있습니다. 그러나 젊은 직원이 1개월 없다고 해서 회사가 망하지는 않습니다. 그런 것은 경영자라면 모두 알고 있을 것입니다. 그렇다면 특출난 경험을 하게 하는 편이 좋습니다. 1개월이라는 휴가를 받을 수 있다는 사실이 직원에게 얼마나 힘을 주게 되는지 상상할 수 있을까요. 꼭 그런 것을 기대하는 것은 아니지만, 기획 등을 할 때 틀림없이 긍정적으로 작용할 것이라고 봅니다. 저희는 '일상'을 뛰어넘어 자유로움을 허용하는 회사가 되고 싶습니다.

실제로 선마크 출판사에서는 편집자 이외의 모든 직원이 기획을 낼 수 있고 거기에서 큰 히트작이 생겨나는 경우도 있습니다. 2012년에 간행된 나구모 요시노리의 《1일 1식》은, 재무담당 상무인 모리오카 세이지 씨가 기획을 내고 편집부의 아라이 카즈야 씨가 담당을 해서 50만 부를 넘는 히트작이 되었습니다. 편집자가 아닌 사람이 제출한 기획으로서는 경이적이라고도 할 만한 하프밀리언셀러를 달성했습니다. 타사에서는 생각할 수 없던 일일지도 모릅니다.

모리오카 씨는 그때까지 경리와 재무를 담당하면서 회사 안에서는 눈에 보이지 않는 곳에서 자신의 길을 계속해서 묵묵히 걸

밀리언의 법칙

○

어온 사람이었습니다. 회사가 위기를 맞았을 때에도 그늘에서
애를 쓰며 큰 역할을 했습니다. 이 책이 빅히트를 하게 된 것은
보이지 않는 자리에게 큰 공헌을 한 그에게 하늘이 내린 상이라
고 믿습니다.

사회는 여성에게 빚이 있다

여성이 출산을 해도 기분 좋게 일할 수 있는 회사가 된다. 이는 일찍부터 제가 선언했던 내용이었습니다. 이유는 간단한데, 뛰어난 여성 직원이 마음껏 실력을 발휘하는지 여부가 회사의 미래를 결정한다고 생각하기 때문입니다. 그 배경에는 제 아내가 결혼 후에도 유치원 교사로 일을 계속하면서 유산과 출산 및 육아라는 산을 넘어왔던 경험이 자리하고 있습니다.

앞서 회사는 직원에게 '빚'이 있다고 말을 했는데, 이 문제에 대해서는 일하면서 육아와 간병을 하는 여성에게 '사회 전체가 빚이 있다'고 절실하게 느껴왔습니다. 그래서 직원의 희망에 따라 출산과 육아를 하면서 가능한 한 순조롭게 일을 할 수 있도록 취업 규칙을 정비해왔습니다.

여기서 잠시 선마크 출판의 취업 규칙과 제반 규정의 변경 사항에 대해 소개하도록 하겠습니다.

《선마크 출판의 취업 규칙, 제규정 변경》

◇ 2007년 1월 1일 개정

- 정년 60세 → 65세로 변경.
- 자녀 간병 휴가를 신설. 1년당 5일(자녀가 초등학교 3학년인 3월 말까지, 0.5일 단위로 사용할 수 있다).
- 출산 축하금 1만 엔 → 신생아 1명당 10만 엔.
- 직장 복귀 축하금 신설. 육아 휴직 종료 후에 직장에 복귀한 경우, 6개월 후에 10만 엔 지급.
- 육아 휴직은 자녀가 1세 6개월까지 → 자녀가 3세가 될 때까지를 한도로 하며 반년 단위.
- 육아 단시간 근무 오전 10시부터 오후 5시까지의 실제 근무 6시간 → 오전 9시부터 오후 5시까지(휴식 1시간 포함)의 4시간 이상. 기간은 임신 판명 시부터 자녀가 초등학교 3학년 3월 말이 될 때까지.
- 육아를 위한 플렉스 타임제 → 기간은 임신 판명 시부터 자녀가 초등학교 3학년 3월 말까지. 오전 11시부터 오후 4시까지를 핵심 근무 시간으로 한다.

◇ 2015년 1월 1일 개정

• 자녀 간병·학교 이벤트 휴가 1년당 8일. 간병과 학교 행사 등으로 쉬는 경우, 자녀가 초등학교 6학년 3월 말까지 적용.

◇ 2017년 1월 1일 개정

• 간병·질병 휴가 초년도 120일(근속 1년 이상인 정직원). 간병이 필요한 상태인 가족을 돌보기 위해, 또는 본인이 질병 때문에 1개월 이상 쉬는 경우에 취득할 수 있다. 4월 1일을 기준으로, 근속 1년 이상인 정사원에게 초년도 120일을 부여. 다음 해부터 유급 휴가의 잔여일수 중 소멸하는 일수를 이 간병·질병 휴가에 가산. 부여 일수의 한도는 360일까지.

자녀의 학교 행사 참석도
제도화할 수 없을까

⋮

출산과 출산 휴가, 육아에 관한 제도는 많은 회사가 도입하고 있습니다. 저는 여성 직원의 목소리를 듣고 그녀들이 정말로 필요로 하는 제도로 만들어가야 한다고 생각했습니다. 예를 들면, 자녀 간병·학교 이벤트 휴가의 경우 1년에 8일을 취득할 수 있습니다. 실은 수업 참관일과 보호자 모임 등 의외로 학교 행사가 많습니다. 그때마다 유급휴가를 내게 하는 것은 직원들에게 미안한 일이라는 생각에 휴가제도를 만들기로 한 것이었습니다.

애당초 자녀의 학교 행사가 있을 때마다 부모가 고민을 한다거나, 행사 참가를 위한 휴가를 신청할 때 상사가 얼굴을 찡그린다는 것은 비정상적인 일이라고 생각합니다. 저희 회사 5층에서는 부부가 함께 근무하고 있습니다. 두 명의 초등학생 자녀가 있기 때문에 어느 한쪽이 출장과 근무 시간 외 행사에 참석하는 경우에는 '이번에는 내가 휴가를 낼게' 같은 대화가 일상적으로 이루어지고 있습니다. 자녀가 회사에 찾아오는 경우도 있었는데 그런 일도 자연스럽게 이루어질 수 있는 회사이고 싶습니다.

또한 앞으로 늘어날 간병 · 질병 휴가도 근속 1년 이상이면 전원이 얻을 수 있도록 했습니다. 일본에서는 미즈호 파이낸셜 그룹의 제도가 가장 선진적이라고 합니다. 저희는 그 이상의 제도로 만들자는 생각으로 120일이라는 이례적인 장기간을 설정한데다가 유급휴가의 잔여일수를 가산할 수 있도록 했습니다.

간병 문제는 일본의 거의 전 국민이 떠맡아야만 하는 사회 문제입니다. 거듭 말하자면 세계의 선진국도 피해갈 수 없는 과제입니다. 이를 개인에게 떠맡긴다는 것은 공공성을 가진 기업으로서는 있어서는 안 되는 일이라고 생각합니다. 한편, 여기에서 말하고 있는 모든 것은 실적이 좋고, 높은 수익을 내기 때문에 가능한 일이기도 합니다. 기업은 양쪽 바퀴가 갖추어져야 비로소 전진할 수 있습니다. 제도를 실현시키려면 높은 수익을 내야만 합니다. 그것을 유지하는 것이 경영자의 역할입니다.

가장 낮은 자리에서
전체를 본다

'호언장담 발표회'로 대표되는 장대한 구상을 가슴에 품고 있어도, 그 누구라도 일상의 업무는 작은 일들의 축적으로 이루어져 있습니다. 그렇게 직장에서 하루하루 보내는 가운데 일부러 사장에게 약속 요청을 해서 시간을 내어 대면해야 하는 안건이 그렇게 많지는 않을 것입니다.

한편, 사소하지만 신경이 쓰이는 문제를 이야기한다거나 상담이라고 하기보다는 약간의 정보를 교환하는 식으로 소통하는 것이 좋은 경우가 의외로 많습니다. 그런 생각을 가지고 직원 전원과 일 년에 두 번, 반 시간에서 한 시간 정도로 면담을 하고 있습니다. 이 제도는 벌써 10년 이상 계속되고 있습니다.

물론 직원 수가 50명 정도이기 때문에 가능한 일이기는 하지만, 이뿐만 아니라 중요한 안건에 대해서는 가능한 한 담당자한테서 직접 이야기를 들으려고 신경 쓰고 있습니다. 그렇지 않으면 미묘한 뉘앙스의 차이라는 것이 전해지지 않아 판단을 그르치게 되기 때문입니다. 이 면담을 계속해오면서 상당한 공부가 되고 있다는 느낌을 받습니다.

생각지도 않은 저자의 에피소드에서부터 신간에 담긴 에너지의 크기를 알게 되거나, 서점 현장의 솔직한 목소리를 듣고 기대를 과하게 하지 않도록 경계를 하게 되기도 합니다. 물론 오랜 기간 동안 성과를 올리지 못하거나 팀에 대한 공헌도에 문제가 있는 직원에게는, 듣기 괴롭겠지만 지적을 해서 태도를 고치게 하기도 합니다. 많은 경우에는 제 자신이 사정도 잘 모르면서 간과했던 점들에 대해서 깨닫게 됩니다.

한동안 저희를 컨설팅해준 분께서 "회사라는 것은, 문제 덩어리입니다"라는 말을 들은 적이 있습니다. 그 말을 되새기면서 제 나름으로 긍정적으로 문제를 하나씩 하나씩 풀어갈 수밖에 없다고 느끼기도 합니다. 이는 전부터 가지고 있는 지론인데, 통상적으로 정상에 있는 사람이 전체를 가장 잘 파악하고 있다고 생각하지만 그렇지만도 않은 것 같습니다. 거꾸로 그 조직에서 가장 낮은 자리에 있는 존재가 전체를 누구보다도 잘 파악하고 있습니다. 그같은 사실을 실감할 수 있었던 것도 이런 면담을 통해서였습니다.

경영은 댐을 운영하는 일이다

해외 비즈니스를
아무것도 모르는 상황에서부터

밀리언셀러라는 것조차 대단한데 전 세계에서 2,000만 명이 읽는 책을 만들자라니, 이 무슨 과대망상인가 하고 생각할 수도 있습니다. 그래도 저는 사장이 된 해부터 20년 가까이 계속해서 말해왔습니다. 곤도 마리에 선생의 책을 비롯해 일본의 활자 콘텐츠가 세계로 나아가기 아직 훨씬 전의 일이었습니다. 2,000만 명이란 당치도 않은 숫자이지만, 이 정신이 아찔해질 듯한 숫자로 결정하게 된 계기가 있습니다. 유명한 에피소드를 알게 된 것입니다.

어느 날, 마쓰시타 고노스케 회장이 경영자 약 300명을 앞에 두고 한 강연회에서 이런 말을 했다고 합니다. '경영을 안정시키기 위해서는 여유를 가지고 경영을 해야만 한다. 그를 위해서는 댐처럼 이익을 착실히 모아 두고, 필요할 때 댐에서 물을 방출시키듯 그곳에서 내놓으면 되는 것이다'라는 내용이었습니다. 경영을 댐에 비유한 이야기입니다.

그 말을 들은 경영자 한 사람이 이런 질문을 했습니다.

"그런 일이 가능하다면 고생은 하지 않겠지요. 저희는 언제나처럼 하루 벌어 하루 살아가며 고생을 하고 있습니다. 어떻게 하면 그 같은 댐 경영이 가능합니까?"

그랬더니 고노스케 회장은 이렇게 대답했습니다.

"어떻게 하면 가능한지는 저도 모릅니다. 그럼에도 불구하고 그렇게 생각하지 않으면 안 됩니다."

그 대답을 듣고 300명의 청중은 '그건 답이 될 수 없다'는 반응으로 모두 실소를 했다고 합니다. 그런데 그 가운데 한 사람만은 등에 전류가 흘렀다고 말하는 사람이 있었습니다. 그 사람이 바로 이나모리 가즈오 회장이었습니다.

'우선은 생각할 것. 댐처럼 모아 놓자고 생각하는 것이 중요하다.'

이나모리 회장은 그렇게 깨달은 것이었습니다. 저는 이 이야기를 책에서 읽었습니다. 그리고, 무슨 일이 있어도 이런 자세를 배우고 싶다고 마음속에서 결심했습니다.

'세계에서 2,000만 명이 읽는 책을.'

이렇게 말하는 것은 터무니없이 큰 꿈일지도 모릅니다. 그러나 '생각하는 것에서부터 모든 것은 시작되는' 것입니다.

저희가 해외로 눈을 돌리기 시작한 것은 1997년이었습니다. 이 해에 처음으로 프랑크푸르트 도서전을 시찰했습니다. 실은 아직 해외 출판 비즈니스에 대해 아무것도 모를 때였습니다. 실제로 번역서 편집부의 다케다 이치로 씨는 사전에 약속을 하지 않으면 미팅을 할 수 없다는 사실도 모르고 현지에 가서 어찌할 바를 몰라 당황을 하기도 했습니다. 그럼에도 불구하고 다음 해 이후부터 매년 참가를 하게 되었습니다.

《정리의 마법》, 세계적으로 1,200만 부 판매 달성

⋮

일본 출판사와 해외의 관계는, 영미권을 중심으로 하는 해외 도서의 권리를 사들여서 일본어판을 발행하는 '구매'가 대부분입니다. 물론 저희도 이런 일을 하고 있으며, 앞서 말했던《신과의 대화》와《사소한 것에 목숨 걸지 마라》를 필두로 많은 성공작을 만들어왔습니다. 한편 일본에서 히트한 책을 해외에서도 팔기 위한 '판매'에도 힘을 쏟아 선행 투자를 해왔던 것이 지금의 저희의 '강점'으로 이어진 것 같습니다.

최초의 성공사례가 된 것은 2001년에 일본에서 간행되어 30만부 가까운 베스트셀러가 된《물은 답을 알고 있다》였습니다. 저자가 세계 각국에서 강연활동을 했던 경험도 있어 다음 해에 독일의 코하사에서 번역출판을 했습니다. 2004년에는 저작권 에이전트인 인터라이츠의 대표 하세가와 준 선생이 힘써준 덕분에 비욘드 워즈(Beyond words)사와 계약이 성립되어 미국에서 간행을 할 수 있게 되었습니다.

이것이 〈뉴욕타임즈〉에서 28주간 연속으로 베스트셀러 랭킹에 들어 시리즈 47만 부라는 성공을 거두게 되었습니다. 그 후, 중국에서 약 140만 부, 한국에서 26만 부 등 35개국과 지역에서 합계 300만 부가 팔렸습니다. 이제는 세계 각국의 출판사와 약 1,500개의 계약서를 주고받고 있는데, 해외에서의 '판매'로 큰 인상을 세계에 주게 된 것은 2011년에 간행된 곤도 마리에 선생의 《정리의 마법》입니다.

일본에서도 시리즈 누계 200만 부를 넘었고, 2011년에 대만의 방지(方智)출판사, 2012년에는 한국의 더난출판, 중국의 북경 봉황설온문화유한공사(北京凤凰雪漫文化有限公司)에서 간행되었습니다. 또한 서구권의 경우 독일어판을 시작으로 영어판(영국), 이탈리어판도 발매가 되었습니다. 미국, 캐나다를 대상으로 하는 영어판은 2014년에 텐 스피드 프레스(ten speed press)가 간행했는데 〈뉴욕타임즈〉에서 27주 연속으로 1위, 대형서점인 반즈앤노블(barnesandnoble)에서도 11주 연속 1위를 기록했습니다. 아마존에서도 2015년에 연간 종합 2위를 획득하여 미국에서만 400만 부를 돌파했습니다. 일본의 출판업계의 많은 분들께도 '금자탑을 세웠군요'라는 축하 인사를 받았습니다.

그 후 42개국에서 계약이 성립되었는데, 제2탄인 《정리의 기적》(영어판 타이틀 《SPARK JOY》)은, 지금까지는 구미에는 저희가 고액의 선인세를 지불했다면, 이 경우에는 미국을 비롯해 이례적으로 고액의 선인세를 받게 되었습니다. 그 후에도 곤도 마리에 선생의 이름인 곤도의 영어 이름 'kondo'가 '곤도 마리에 식으로 정리한다'를 의미하는 동사로 사용되기도 하는 등, 미디어로부터도 주목을 받았습니다. 곤도 마리에 선생은 미국으로 이주를 했습니다. 2019년에는 넷플릭스에 소개된 프로그램이 미국을 비롯해 전 세계에서 화제가 되어 책도 각국에서 다시 순위에 들어가는 등, 오랫동안 붐을 일으켰습니다.

일본의 출판사로서 만화(comics)를 제외하고 세계적인 밀리언셀러를 잇달아 만든 케이스는 이례적인 일입니다. 그 배경에는 30년 이상이나 오랜 시간에 걸쳐 저희가 신세를 져온 하세가와 준 선생을 필두로 비욘드 워즈사 사장인 리처드 컨(Richard Korn) 선생, 구도비츠 앤 컴퍼니 대표인 닐 구도비츠 선생과 같은 여러 분들의 매우 큰 공헌이 있었습니다.

해외발행 총 부수는
2,500만 부

⋮

현재까지의 선마크 출판의 해외발행 총 부수는 2,500만 부수를 넘었습니다. 해외판 간행도 연 1,000종에 이르는데, 이는 저희의 총 발행 부수의 약 40퍼센트에 해당합니다. 연간 간행 부수는 80종에서 100종입니다. 번역서 등을 제외한 60에서 70종 중 대략 반 정도에 아시아의 출판사를 중심으로 번역을 하겠다는 요청이 들어오며, 30~50퍼센트는 계약에 이릅니다. 판권 수입은 최근 7~8년 사이에 큰 수익원으로 성장했습니다. 국내에서 수지가 맞지 않았던 책이 판권 수입으로 흑자로 돌아서는 경우도 있는 외에, 해외를 대상으로 한 판권 판매는 저자에게도 큰 메리트가 되고 있습니다. 무엇보다도, 전 세계로 독자가 확대된다는 것은 저자의 꿈을 이루는 일이 되겠지요.

물론 어려움도 있습니다. 예를 들면 영미권의 출판사에는 일본어를 이해하는 편집자 거의 없습니다. 그렇기 때문에 '바로 이거다' 싶은 책은 저희가 영어로 번역을 해서 판로를 넓혀갈 필요가 있습니다. 이때 중요한 것이 번역의 품질입니다.

《정리의 마법》은 고마쓰시에 사는 캐나다인인 노하라 캐시 선생에게 번역을 의뢰했습니다. 국제 안데르센상을 수상한 우에하시 나호코 선생의 《짐승인 연주자(獸の奏者)》를 담당하는 등 실력 있는 번역가입니다. 곤도 마리에 선생의 책은 콘텐츠로서 훌륭한데, 부제에 사용된 '두근거림'이라는 말을 영어판으로 'Spark Joy'라고 번역한 노하라 선생의 센스가 뛰어났다고 생각합니다. 노하라 선생에게 번역을 의뢰하지 않았다면 이렇게까지 성공작이 되지는 않았을 거라고 느낄 정도입니다.

또한 번역서 간행이 많은 대만과 한국의 경우에는 상대 쪽에서 에이전트를 통해 오퍼가 들어오는 일도 적지 않습니다. 이들 나라의 출판사에는 일본어를 읽을 수 있는 편집자도 많습니다. 이들은 아마존의 성적 순위를 체크하고 매일같이 문의가 들어옵니다. 이때 활용되는 것이 저희 회사 웹사이트에서 책이 간행되기 전의 한 장분을 무료로 다운로드해서 읽을 수 있는 '미리보기' 서비스입니다. 여기를 체크해서 미출간본에 대한 문의가 들어오는 경우도 있습니다.

고유의 정신, 신비함이 큰 무기로

현지의 출판사와 얼마나 좋은 관계를 쌓을 수 있는가 하는 점, 즉 각국 출판사와의 네트워크는 중요한 자산입니다. 대만, 한국, 중국은 각자 타이페이 국제도서전, 서울 국제도서전, 북경 국제도서전 등에 참가해서 현지의 출판사와 에이전트와의 관계를 강화시키고 있습니다. 덕분에 도서 수입과 수출에 따르는 수익금도 서서히 늘어났습니다.

대만에서 많은 히트작을 내고 있는 원신(圓神) 출판사와는 여행 삼아 다 같이 타이페이를 방문하는 등, 회사 차원에서의 교류를 하고 있습니다. 판권 매매 비즈니스를 하는 것뿐만이 아니라,

현지 출판사와의 관계를 돈독히 함으로써 부가가치를 만들고 싶었습니다. 감사하게도, 현지에서 간행된 번역서의 부수도 늘어나 순위에도 자주 들어갑니다. 프랑크푸르트에서는 일본의 출판사가 제공한 일본관이 아니라, 방문객이 보다 많은 영미관에 출품을 했습니다. 첫 히트작이 된 《물은 답을 알고 있다》를 간행해준 비욘드 워즈사의 호의 덕분에 공동 출품이라는 형식을 갖추게 되었습니다.

저는 일본어라는 언어의 벽을 너무 의식한 나머지 일본의 활자 콘텐츠는 세계에서 팔리지 않는다는 '한계의식'에 너무 강하게 사로잡혔다고 봅니다. '세계에서도 팔린다', '세계에서 팔자.' 우선은 그렇게 생각할 일입니다. 좋은 책은 분명 전 세계에서 알아봅니다. 특히 마음과 신체에 대한 책은 바다를 넘은 언어와 피부색에 좌우되지 않습니다. 또한 저는 세계가 성숙해가는 가운데 일본의 독자적인 정신이 주목을 받고 있다고 느낍니다. 예를 들면, 곤도 마리에 선생의 정리법에서는 정리를 할 때에 지금까지 잘 입어온 옷과 물건에게 '고맙다'고 말하고 나서 버립니다. 옷과 물건에 감사하다고 말하는 것이 어딘가 일본적인 것, '선(禪)의 정신' 같은 것으로 이어져 신선하게 비치고 있으며 서구에서도 그것을 쿨(cool)하다고 말합니다.

2020년 들어 《체간 리셋 다이어트》의 저자 사쿠마 겐이치 선생이 스페인어판의 제2탄 간행에 맞추어 현지에서 프로모션 활동을 했으며, 스페인 아마존 종합 1위를 획득했다는 기쁜 뉴스도 들립니다. 또, 타이에서 《영업맨들이여 절대 부탁하지 마라》가 히트를 하여 저자인 가가타 아키라 선생이 현지에서 강연에 초대를 받는 등, 다양한 활동을 하고 있습니다. 터틀 모리 에이전시(Tuttle-Mori Agency)에서 이적하여 국제 판권부 부장으로 활약하고 있는 고바야시 시노 씨에게는 바쁜 나날이 이어지겠지요. 정리법뿐만이 아니라, 세계에 자랑할 수 있는 고유의 뛰어난 사고방식과 정신이 많습니다. 거기에 큰 가능성이 숨어 있는 것입니다.

최근에는 저희와도 인연이 있는 작가인 혼다 켄 선생의 저서 《운을 부르는 부자의 본능》은 사이먼 앤 슈스터 사를 통해 세계의 30개국에서 간행되는 등, 해외를 염두에 둔 활동이 늘어나고 있습니다. 이처럼 일본의 출판업계에도 새로운 흐름이 만들어지고 있다는 사실이 기쁩니다.

한가로운 회사를 목표로 한다

이것도 사장이 되었을 때부터 '선마크 출판 카드'에 적었던 말입니다.

'한가롭게 인세로 먹고살 수 있는 회사가 된다!'

저희가 출간한 책이 전 세계 사람들에게 계속 읽혀서 많은 인세를 받아 회사 입장에서 한가하게 인세로 생활할 수 없을까 하고 말이죠. 그렇게 된다면 아등바등하지 않고 큰 구상을 하면서 다음 일에 몰두할 수 있겠구나 하는 원대한 소원을 품어 봅니다. 그런 일이 가능할 리 없다고 생각할 수도 있겠지만 실현되지 않는다 한들 누구도 손해는 보지 않습니다. 적어도 '그렇게 생각하는 것이 중요하지는 않을까' 하는 점을 저희는 표방하고 있습니다. 그래서 농담을 하고 있다고 생각하는 사람도 있겠지만 이 기치를 계속 내걸어 오고 있습니다.

원래 일본의 제조업은 매출의 반 가까이를 해외에서 벌고 있습니다. 그 사실을 생각하면 출판업계도 더욱더 세계로 나아가는 것이 좋지 않을까요. 해외판권 비즈니스에 힘을 쏟는 것에는 그같은 배경도 있습니다.

실제, 일본에서도 히트한 '진짜'는 해외에서 확실하게 팔립니다. 이나모리 회장의 《카르마 경영》은 앞서 말했듯이 중국에서만 400만 부를 넘었습니다. 다만 일설에 따르면 해적판이 2,000만 부에 이른다고도 합니다. 이 해적판이야말로 곤혹스러운 문제인데 최근에는 당국의 감시도 상당히 엄격해져서 어느 정도 개선되고 있다고 들었습니다.

결국 '아주 진지하게 살아가기 바란다'고 말하는 책이, 정치 체제의 차이를 넘고 해외를 넘어 경이적인 숫자의 독자를 확보하고 있다는 사실에 저는 출판업계에서 살아가는 사람으로서 한없는 기쁨을 느낍니다.

전자책의
암흑 시절을 지나

⋮

경영자는 늘 새로운 수익원을 찾아 수단을 강구할 필요가 있습니다. 그중 한 가지는 전자책입니다. 저희가 종이책 외에 전자책에 몰두하기 시작한 것은 1990년대 말 무렵부터입니다. 그 후, 가능한 한 비용을 들이지 않고 실험적으로 시스템을 진행시켜 2007년에는 전자책 전임 책임자를 채용했습니다. 현재 디지털 콘텐츠부 부장을 맡고 있는 오쿠무라 코타로 씨입니다. 그에 따르면 암흑 시절이 길었다고 합니다. 그도 그럴 것이 입사하고 수년 동안은 매출이 본인의 연봉을 밑돌았기 때문입니다.

그 후, 2010년에 아이패드(iPad)가 출시된 즈음부터, 전자책도 활기가 생겨나기 시작해 이 해 여름에 편집자 20명에게 회사에서 아이패드를 지급했습니다. 실제로 사용해보니 의외로 읽기 쉬워서 전자책에 대한 수요가 틀림없이 있을 것이라는 반응을 그들도 느꼈다고 합니다.

다음 해인 2011년은 그야말로 전자책의 원년이었습니다. 눈에 띄는 매출을 기록하게 되었고, 2012년에 킨들(Kindle)이 상륙하자 단숨에 확대되었습니다. 그래서 2013년에는 저희 회사에서도 부문 매출이 1억 엔을 넘게 되었습니다.

전자책 시장에는 압도적으로 만화가 많은데 저희의 경우에는 단행본이 중심입니다. 게다가 아이템 수가 그 정도로 많지 않기 때문에, 1개 타이틀당 다운로드 수로는 나름의 존재감을 드러내고 있다고 생각합니다. 다만, 단말기와 통신환경이 매년 변화해가기 때문에 예측하는 것이 어려운 데다가 판단을 그르치면 한 번에 매출이 확 떨어질 위험도 있습니다. '변화에 대한 대응'이

가혹하게 요구되는 분야인 만큼, 현장은 '느긋함'과는 거리가 먼 나날을 보낼 것이라고 생각합니다.

전자책의 이점으로는, 큰 히트작이 만들어진 경우 그에 연동 하여 전자책의 매출도 신장해가는 것입니다. 경비를 충분히 확 보하면서 잘나가는 책을 가려내어 주력하면 고수익으로 이어 진다고 보고 있습니다. 음성 컨텐츠에 주력해온 오토뱅크(OTO BANK, 오디오 북 제작·판매·관리를 하는 일본 회사)사의 협조를 받아 음성판에 대한 시도도 마찬가지로 업계에서 맨 먼저 빠른 시기 부터 시작을 했습니다. 최근에는 스마트 스피커와의 연계 등 많 은 기업이 참여하고 있어, 향후에는 상상 이상으로 성장해갈 수 있는 시장이 될 거라는 기대를 하고 있습니다.

역사에서 길게 번영한 이유를 배운다

출판이라는 일을 통해
경영을 배웠다

지금까지의 인생을 돌이켜보며 생각하는 것은, '출판이라는 일에 종사해온 덕분에 얼마나 큰 배움을 얻었는가' 하는 점입니다. 특히 경영자가 되고서부터는 그때까지 책을 만들었던 체험을 크게 활용했습니다. 그것을 깨닫고 보니 출판이라는 일을 통해 경영을 배우게 되었다고 해도 과언은 아닐지 모르겠습니다.

예를 들면, 제가 장래에 사장이 된다는 것을 전혀 생각해보지 않았을 때 후나이 유키오 선생과 무타가쿠 선생 두 분의 책을 만들었는데 덕분에 많은 것을 배울 수 있었습니다. '서당 개 삼 년이면 풍월을 읊는다'라고 말하기는 그렇지만, 책을 만들면서 깨닫지 못하는 사이에 경영의 진수를 접하게 되었습니다. 이렇게

나 고마운 일은 없을 것입니다.

　물론 위대한 선배들로부터 배운 것을 성실하게 수행하고 있는 것은 아닙니다. 《바위를 들어올려라》를 보내드렸던 어떤 경영자가 '우에키 씨, 굉장한 책이지만 저한테는 어떤 항목도 아예 불가능한 것뿐이네요'라며 슬픈 듯한 표정으로 말한 적이 있습니다. 실은 저도 그렇습니다. 그리고 놀랍게도 이나모리 회장 자신도 그렇게 말했습니다. "모든 것이 가능하다는 것이 아니라 그것을 목표로 삼자는 생각이 중요한 것이다"라고요. 목표로 삼는다는 것이 정말 중요하구나, 그렇다면 나도 할 수 있을지 모른다고 갑자기 깨닫게 되었던 그 순간을 기억하고 있습니다. 그리고 선배들에게 배우는 한편으로, 역사와 역사 속 인물로부터 배우는 것이 중요하다는 점도 다시 한 번 알게 되었습니다.

　제가 사장에 취임한 것은 2002년 7월 1일인데, 그 전후에 반년 정도 걸려서 읽은 책이 있습니다. 야마오카 소하치의 《도쿠가와 이에야스》전 26권입니다. 기업에 있어 무엇보다도 중요한 것이 '영속적인 발전'입니다. 이 키워드에 가장 어울리는 인물이 에도막부(1603~1867) 260년의 초석을 쌓은 도쿠가와 이에야스라고 생각했던 것입니다. 그는 '백성을 위해'라는 생각을 인생에 관철시켰습니다.

　15대 전으로 거슬러 올라가 옛 선조를 받들어 모신 것이 15대에 걸쳐 번영한 이유의 하나라고 알려져 있습니다.

　"사람의 일생은 무거운 짐을 지고 먼 길을 가는 것과 같다."

이는 이에야스의 유명한 '유훈'입니다. 계속해서 이런 말이 이어집니다.

"서두르지 마라. 무슨 일이든 마음대로 되는 것이 없음을 알면 오히려 불만을 느낄 이유도 없다. 마음에 욕심이 차오를 때는 빈궁했던 시절을 떠올려라. 인내는 무사함과 평온함의 근본이다. 분노는 적이다. 이기는 것만 알고 정녕 지는 것을 모르면 반드시 해가 미친다. 오로지 자신만을 탓할 것이며 남을 탓하지 마라. 모자라는 것이 넘치는 것보다 낫다."

실로 깊은 문장의 연속이며, 세상 물정에 훤했던 이에야스의 모습이 생생히 나타난 듯합니다. 이같은 사고방식을 기반으로 살아간다면 분별없는 행동을 해서 자신의 상황을 엉망으로 만드는 일은 없을 것이라는 생각이 듭니다.

최고의 일 속에 최고의 인생이 있다

직원들에게 자주 하는 말 중에 '최고의 일과 좋은 인생'이라는 말이 있습니다. 이때 중요한 것은 순서입니다. '좋은 인생과 최고의 일'이 아닙니다. 역시 최고의 일이 있어야 비로소 좋은 인생이겠지요. 저는 최고의 일을 하지 못하면 좋은 인생에 좀처럼 다다를 수 없다고 생각합니다. 그리고 제 자신도 그렇지만 직원 모두가 정말로 좋은 인생길을 걸어가길 바랍니다. 진심으로 그렇게 생각합니다. 그를 위해서도, 최고의 일을 해주면 좋겠습니다. 왜냐면, 거기에야말로 인생의 큰 가치가 있기 때문입니다.

사람의 가치, 인생의 가치란 도대체 무엇인가. 그것을 진지하게 생각했던 시기가 있습니다. 예를 들면, 일생일대의 가치에는 벌어들인 돈과 쌓아 올린 재산이 있을 수도 있습니다. 마지막 거처가 될 저택이 있을지도 모릅니다. 혹은 사회적인 지위와 인맥, 애써 길러낸 인재가 있을지도 모릅니다. 이런 식으로 가치를 눈에 보이는 것과 짐작하기 쉬운 것으로 파악하는 것이 일반적입니다. 그것은 어떤 면에서는 맞을 수도 있지만 '그렇다면 그뿐일까? 그리고 그것은 정말 최고의 가치인가?' 하는 점을 스스로에게 물어야만 한다고 생각했습니다.

그 사람이 존재함으로써 치유되거나 격려를 받기도 합니다. 상냥한 얼굴을 보고 있는 것만으로 안심이 됩니다. 말을 걸어준 것만으로도 기운이 생깁니다. 그런 식으로 '그 사람이 단지 존재하는 것만으로도 사람에게 즐거움과 기쁨과 치유를 얼마나 줄 수 있는가. 그것들의 양과 깊이. 그 총합이야말로 어쩌면 그 사람이 살고 있는 인생의 가치가 아닐까'라고요. 저는 이것이 비교적 답에 가깝다고 생각했습니다. 실은 2008년의 중기경영계획에 이 이야기를 썼었는데, 지금도 다시 읽는 직원이 있다고 들었습니다.

그리고 저희가 하는 일은 많은 이들에게 즐거움과 기쁨과 치유를 안겨줄 수 있습니다. 최고의 일을 하면 할수록, 그만큼 큰 즐거움과 기쁨과 치유를 제공할 수 있습니다. 즉 인생의 큰 가치를 만들어낼 수 있다는 점입니다. 저는 그것이야말로 분명 좋은 인생, 풍요로운 인생을 만들어준다고 생각합니다. 게다가 이 일에는 인생을 보내는 데 있어 최고의 선물이 있습니다. 그것은 편집자든 영업직원이든 일을 통해서 큰 배움을 얻고 변화할 수 있는 가능성이 있다는 것입니다. 훌륭한 사람들과 겨루며 논의하고 제안을 합니다. 힘든 일이기 때문에 당연히 공부도 해야만 합니다. 곤란한 일에도 봉착합니다. 그러면서 자신도 변화합니다.

'얼마나 많이 변화할 수 있는 곳에서 일할 수 있는가' 하는 점이 인생의 가치를 크게 좌우합니다. 스스로가 변화하고 성장해나갈 수 있다면 그만큼 큰 즐거움과 기쁨, 치유를 제공할 수 있기 때문입니다. 그만큼 타인을 돕고 즐겁게 해줄 수 있습니다. 그것은 그대로 자신에게 되돌아올 것입니다. 잘 생각해보면 이 점은 어떤 일을 하더라도 공통되는 부분일지 모릅니다.

이나모리 회장의 말 중에서 제가 매우 좋아하는 말이 있습니다.

'일은 인생의 숫돌이다'

최고의 일은 최고의 인생을 만들어주는 것입니다. 저는 부디 직원 모두가, 나아가서는 많은 분들이 좋은 인생을 보내기를 바랍니다. 그러므로 최고의 일을 해주시면 좋겠습니다.

때로는 창고에
시체처럼 책이 쌓이겠지만

'생각에서부터 모든 것이 시작된다'는 테마로 이 책을 썼습니다. 이와 관련해 언급해두고 싶은 것이 있습니다.

1991년이므로 무려 30년 전의 일입니다. 당시 '데이터베이스 통신'이라 불리던 것을 시작하려고 매킨토시 LC를 구입했습니다. 잠시 후에는 제 열기가 식어서 그 PC는 제가 본래 생각했던 역할을 제대로 완수하지는 못했지만, 그 해부터 때때로 느낀 것과 생각한 것을 PC에 써서 남겨두는 습관이 생겼습니다. 특히, 그 해에 일어났던 일을 연말에 회고하는 글과, 새로운 해에는 이런 일이 생기지 않을까 하며 작성하는 연초의 글, 두 편을 엮어서 쓰는 일에 힘을 쏟게 되었습니다.

내용의 80퍼센트가량은 일에 관한 이야기입니다. 그 시점에 베스트셀러가 된 책의 증쇄를 어느 정도까지 늘릴 것인가. 신간 출간예정표의 어느 아이템이 어느 정도 히트할 것인가. 또한 해외 저작권과 전자책의 수익은 어떻게 될 것인가. 신규사업은 어디까지 진척시킬 것인가. 남이 읽을 것도 아니기에 때로는 저 자신을 날카롭게 비판하거나 이전의 실패를 돌아보면서, 어깨 힘을 빼고 컴퓨터와 마주했습니다.

그리고 나머지 20퍼센트는 고교 시절의 친구 4명과 3년 만의 여행을 계획한다거나, 아내의 파스텔화 개인 전시회장을 방문한다거나, 독서 계획과 체중관리(!)까지, 개인적으로 하고 싶은 일과 신경 쓰이는 것도 써둡니다. 분량도 당초에는 A4로 각각 몇 페이지였던 것이, 해가 지나면서 늘어나 때로는 합해서 17~18페이지에 이를 정도였습니다. 이렇게 되면 연말연시의 휴가는 거의 서재에 틀어박힌 채 쓰는 일에 전념하지 않을 수 없었습니다.

물론 싫은 일을 하는 것은 아니기 때문에 어떤 종류의 충만함은 있지만, 꽤 힘든 작업입니다. 그것을 중단하는 일 없이 30년을 계속해왔기 때문에 분량도 책으로 환산하니 3권 이상에 이릅니다. 모두 다시 읽어보려 했는데 그것도 꽤 힘든 일이었습니다. 본문 중에 썼듯이 '양이 질로 높아졌는지' 어쩐지 알 도리도 없지만, 이것을 계속해가는 가운데 재미있는 사실을 알아차렸습니다. 왜냐면, 같은 해에 쓴 '연초에'와 '회고'를 읽고 비교해보니 예측했던 일, 강하게 마음속으로 생각했던 일이 어느결에 실현되어 있다는 것입니다. 우연치고는 확률이 너무 높았습니다.

선천적으로 좌뇌형이라기 보다는 우뇌형이며 큰 판단을 할 때에는 이치를 내세우기보다 직감을 중시했던 것도 사실입니다. 살아가는 것 자체가 일종의 모험이라고 생각해왔던 탓인지 비교적 승부를 겨루는 데에도 강했다는 자각도 하고 있습니다. 하지만 그렇다고 해서 연초에 예측했던 일이 연말에 실현되지는 않겠지요. 어쩌면 이는 다음과 같은 원리가 아닐까 하고 제 나름으로 이해하고 있습니다. '생각하는 것'부터 시작해서, 그것을 깊이 파고들며 문장으로 계속 적고 이를 실행하고 때로 실패하며 그리고 반성한다. 이를 오는 해마다 매년 계속하고 있으면, 예상하고 바랐던 일이 때로 눈앞의 현실로 일어난다…… 그 같은 일이 아닐까 하고요.

이 이야기는 직원들에게도 몇 번인가 했는데, 어쩌면 독자 여러분께도 참고가 될지 모르겠습니다. 설사 같은 일을 계속했는데 예상과 바람이 실현되지 않았다고 해도, 그때그때에 자신이 어떤 것에 생각을 집중했는가를 써서 기록한 무언가가 있다는 것은, 어떤 의미에서 인생을 풍요롭게 해줄 것이라고 생각합니다.

한편, 이 책에서는 밀리언셀러를 비롯해 크게 성공을 하게 된 에피소드를 중심으로 써왔습니다. 그런데, 마지막으로 솔직히 말씀드리겠습니다. 잘 팔리고 히트한 책보다도, 팔리지 않거나 실패한 책이 압도적으로 많은 것이 현실이라는 사실입니다.

팔린 책이라는 것은 눈에 띕니다. 떠들썩하게 뉴스가 되고 사

마치며
○

람들에게 알려지는 상황이 됩니다. *그러나, 팔리지 않았던 책은* 다행인지 불행인지 눈에 띄지 않습니다. 팔리지 않았던 것에 흥미를 보이는 사람은 거의 없습니다. 그래서 알려지지 않는 겁니다. 강연 등에서도 자주 말씀드리는 얘기지만, 창고에는 덜 팔린 책이 시체처럼 첩첩이 쌓입니다. 이를 정확하게 고백해야만 합니다. 그리고 무엇보다 일이 잘 풀린 것은 직원 덕분이라는 사실입니다. 직원 여러분의 노력이 있었기에 바로 오늘의 선마크 출판이 존재하는 것입니다. 그런 의미에서 보면 제가 하는 일은 대단하지 않습니다.

실제로 이런 일이 있었습니다. 연간 목표를 달성하면 특별상여금 나오거나 1개월의 달성 휴가를 받을 수 있어 직원 입장에서도 기쁜 일이 됩니다. 그렇기 때문에 열심히 일합니다. 그런데 2014년에 달성 가능하다고 생각했던 연간 목표를 제가 잘못된 방향으로 이끈 탓에 달성하지 못하게 된 적이 있습니다. 저는 크게 반성을 했습니다. 그리고 2015년의 연간 방침 발표회에서 이렇게 말했습니다.

'금년의 연간 목표를 달성하지 못한다면 저는 머리를 빡빡 깎겠습니다!'

전직원 앞에서 소리 높여 선언했습니다. 진심이었습니다. 그 정도의 강한 마음으로 해야만 한다고 스스로에게 타일렀던 것입니다. 다만, 선언을 한 후에 '아차' 하고 조바심이 들었는데, 애처롭다고 해야 할지, 빡빡 깎을 정도의 머리카락이 그다지 남아있지 않다는 점을 깨달았기 때문입니다……

농담은 차치하고, 그럴 작정으로 말한 것은 전혀 아닌데 싶은 사태가 일어난 것은 그로부터 얼마 후였습니다. 누구나 할 것 없이 이런 말을 하기 시작하는 것입니다.

"만약 연간 목표를 달성시키지 못하면 사장님을 빡빡머리로 만든 직원이 되고 만다."

그해 직원들의 노력은 저도 놀랄 정도였습니다. 저는 그 정도의 각오를 가지고 경영에 임하겠다고 다짐을 했는데 직원들 역시 그렇게 받아들였습니다. 정말 필사적으로 일을 했습니다. 그러면 역시 운도 아군이 되어 준다고 생각합니다. 국내에서도 히트작이 나오고 해외에서의 판권 수입도 예상 이상으로 올라 보기 좋게 연간 목표를 달성할 수 있었던 것입니다. 게다가, 그 해부터 5년 연속으로 목표를 달성하고 있습니다. 정말 감사한 일입니다.

대입 수험에 실패해 삼수를 했을 때 마찬가지로 삼수를 했던 친구와 난키(南紀) 시오노 곶(潮岬)에 갔던 일을 기억합니다. 큰 파도가 안벽에 밀려오면 거대한 바위에 부딪혀 굉장한 소리가 납니다. 그러나 바위는 꿈쩍도 하지 않습니다. 대단한 굉음이 반복되는 가운데 저는 문득 생각했습니다. '시험에 떨어지는 것 같은 고민은 이 얼마나 작은 것인가' 하고 말입니다. 저는 '다음 해에 수험에 실패한다면 인생은 끝이다' 싶을 정도로 깊이 생각을 하고 있을 때였는데, 그때 이런 글을 적어두었습니다.

마치며
。

241

'이 세계와 다른 곳에, 다른 세계가 있다는 사실을 절대로 잊지 않도록 하자.'

그것은, 제 인생에서 하나의 버팀목이었습니다. 무슨 일이 있어도 다른 세계를 만날 수 있습니다. 그것이 인생입니다. 만약 그 사실을 안다면 인생의 풍경은 달리 보이지 않을까 하고 생각합니다.

힘겹고 어려운 시대가 이어지고 있습니다. 지금까지 경험한 적 없는 가혹한 나날을 전 국민이 강요받고 있습니다. 하지만 다른 세계는 틀림없이 있습니다. 억수같이 쏟아지는 비를 맞으며 맑은 하늘을 떠올리는 것에 가까운 지극히 어려운 일이지만, 희미한 꿈일지라도 한 사람 한 사람이 가슴에 품고 앞으로 나갈 수 있다고 생각합니다. 그를 위해서 이 책이 도움이 된다면 행복하겠습니다.

마지막으로, 이 책을 출판할 때 선마크 출판의 전 임원이자 지금은 독립해서 주식회사 나나이치 대표를 맡고 있는 스즈키 나오키 선생에게 신세를 졌습니다. 10년도 더 전부터 책 집필을 권유했던 사람이 스즈키 선생이었습니다. 이제야 거기에 답을 할 수 있게 되었습니다. 또한 구성과 편집 작업을 진행할 때 북 라이터인 우에사카 토오루 선생의 도움을 받았습니다. 이 자리를 빌어 감사의 말씀을 드립니다.

편집자 시절에는 셀 수 없을 정도의 책을 편집할 기회가 많았지만 설마 제가 필자가 되리라고 는 생각해본 적도 없었습니다.

다만, 이렇게 제가 '생각하는 것'을 말로 옮겨 놓는다는 행위는, 지금까지의 체험을 정리하는 것에 끝나지 않고, 새로운 꿈과 비전을 그리기 위한 길로 불러내준 신선한 체험이었습니다. 이 책이 조금이라도 많은 분들에게 도움이 되기를 기원합니다.

마치며
∘

선마크 출판 카드

선마크 출판 카드는 우리나라로 치면 '가나다송', 미국으로 치면 'ABC송' 격인 이로와우타 노래의 첫 글자를 각 장의 테마에 맞게 랜덤으로 배치해서 정리한 것입니다. 아래 각 항목의 첫 글자와 문장의 첫 글자는 원문상으로 발음이 일치합니다. 아래는 원서상의 소제목이며 한국어판과는 다릅니다.

⑥ 한 권의 에너지가 인생을 바꾼다

い 一冊のエネルギーが、人生を変える

로 스테디셀러는 기업의 보물

ろ ロングセラーは企業の宝

하 긴장하면 실은 끊긴다

は 張り詰めていたら糸は切れるよ

니 인간은 '목에서 위'보다 '목에서 아래'

に 人間は「首から上」より「首から下」

호 '본연'을 토대로 전략을 세운다

ほ 「本然」をベースに戦略を立てる

헤 변태야말로 창조의 샘

へ ヘンタイこそ創造の泉

ⓣ 끝까지 해내면 하늘은 포기하지 않는다
と とことんやり切れば、天は見放さない

ⓒ 장점을 신장시키면 결점은 보이지 않는다
ち 長所を伸ばせば欠点は隠れる

ⓡ 논리는 늘 배신당한다
り 理屈はいつも裏切られる

ⓝ 뛰어난 강점이 있는 저자인가?
ぬ 抜きん出た強みのある著者か?

ⓡ 누계 부수를 늘리는데 결사적임
る 累計部数を伸ばすことに命懸け

ⓦ 쉽게 이해하는 것이야말로 진리
わ わかりやすさこそ真理

ⓚ '과거는 전부 선'이라는 마음가짐으로 앞을 향한다
か 「過去はオール善」と心得て前を向く

ⓨ 새벽이 오기 전에 타이틀안은 떠오른다
よ 夜明け前にタイトル案はやってくる

ⓣ 싸우는 편집자 녀석
た 戦う編集者たれ

부록1
○
245

ⓔ 역사에서 '길게 번영한 이유'를 배운다
ⓔ 歴史から「長く栄えた理由」を学ぶ

ⓢ 소프트 산업은 전부 다산다사
ⓢ ソフト産業はすべて多産多死

ⓒ 다음 히트작은 '요상한 것' 안에서
ⓒ 次のヒットは「けったいなもの」の中から

ⓝ 바라는 일을 써서 발표한다
ⓝ 願いを書き出し、発表する

ⓝ 무엇이 있어야 좋은 책인가
ⓝ 何がいいたい本なのか

ⓡ 흐트러진 상태 안에 아름다움이 있다
ⓡ 乱調の中に美がある

ⓜ 무리하지 않고서는 성공하지 못한다
ⓜ 無理のない成功はない

ⓤ 운이 좋아지는 삶의 방식을 살고 있는가
ⓤ 運がよくなる生き方をしているか

ⓝ 한가롭게 인세로 먹고살 수 있는 회사가 된다!?
ⓝ のんびり印税暮らしの会社になる!?

ⓞ '놀라움'을 만드는 타이틀인가
お 「驚き」を生むタイトルになっているか

ⓚ 반복해서 자신의 자리로 돌아가라
く 繰り返し自分の土俵に立ち戻れ

ⓨ 버드나무 아래에 금붕어를 풀어놓아라
や 柳の下に金魚を放て

ⓜ 우선은 '그렇게 생각하는 것'부터
ま まずは「そう思うこと」から

ⓚ 경영은 우선 직원과 그 가족을 위해
け 経営はまず社員とその家族のため

ⓗ 긍정적 방향에서 생각해라
ふ プラスのベクトルで考えろ

ⓚ 어려움을 겪고 있는 인생에 다가설 수 있는 책을
こ 困難な人生に寄り添える本を

ⓔ 에너지의 전파 현상을 입소문이라고 한다
え エネルギーの伝播現象を口コミという

ⓣ 천지자연의 이치에서 배운다
て 天地自然の理に学ぶ

ⓐ 압도적인 '양'이 '질'로 변화한다
  あ 圧倒的な「量」が「質」へと転化する

ⓢ 출산휴가가 당연한 회사
  さ 産休があたりまえの会社

ⓚ 킬러 콘텐츠를 만들어내어 널리 알린다
  き キラーコンテンツを生み出し、広める

ⓨ 유명인, 시작은 모두가 무명인
  ゆ 有名人、はじめはみんな無名人

ⓜ 목표로 하는 것은 '최고의 일과 좋은 인생'
  め めざすは「最高の仕事と、いい人生」

ⓜ 밀리언을 만들겠다고 강하게 생각하고 실현시킨다
  み ミリオンを強く念じて実現する

ⓢ 여성이 아군이 되어 주지 않으면 부수는 늘지 않는다
  し 女性が味方してくれないと、部数は伸びない

ⓗ 환자 문병에 가져갈 수 있는 책인가?
  ひ 病人のお見舞いに持っていける本か?

ⓜ 내용이 많은 책은 팔리지 않는다
  も 盛りだくさんは売れない

㉔ 전 세계의 2,000만 명이 읽는 책을 만들자
せ 世界で２０００万人に読まれる本を作ろう

㉕ 모래해변에 사금이 숨겨져 있다
す 砂浜に砂金が隠れている

선마크 출판사 25년간
베스트셀러 & 스테디셀러

	도서명(한국어판 제목)	지은이	출간년월	판매량
1	뇌내혁명 (뇌내혁명)	하루야마 시게오	1995년 6월	4,100,000부
2	작은 일에 끙끙대지 마라! (사소한 것에 목숨 걸지 마라)	리처드 칼슨	1998년 6월	1,733,500부
3	인생이 두근거리는 정리의 마법 (정리의 마법)	곤도 마리에	2011년 1월	1,590,000부
4	병이 들지 않는 생활 방식 (병 안 걸리고 사는 법)	신야 히로미	2005년 7월	1,408,000부
5	뇌내혁명② (뇌내혁명②)	하루야마 시게오	1996년 10월	1,340,000부
6	살아가는 법 (카르마 경영)	이나모리 가즈오	2004년 8월	1,340,000부

	도서명(한국어판 제목)	지은이	출간년월	판매량
7	모델이 비밀로 하고 싶어하는 체간 리셋 다이어트 (체간 리셋 다이어트)	사쿠마 겐이치	2017년 5월	1,200,000부
8	아무리 몸이 굳은 사람이라도 전면에서 양다리를 딱 벌릴 수 있게 되는 대단한 방법 (다리 일자 벌리기)	에이코	2016년 4월	1,000,000부
9	제로 트레이닝 (제로 다이어트)	이시무라 도모미	2018년 5월	860,000부
10	커피가 식기 전에 (커피가 식기 전에)	가와구치 도시카즈	2015년 12월	850,000부
11	체온을 올리면 건강해진다 (체온 1도가 내 몸을 살린다)	사이토 마사시	2009년 3월	700,000부
12	'원인'과 '결과'의 법칙 (원인과 결과의 법칙)	제임스 알렌	2003년 4월	671,000부
13	왜, '이것'은 건강에 좋은가? (왜 이것이 몸에 좋을까)	고바야시 히로유키	2011년 4월	520,000부
14	'공복'이 사람을 건강하게 한다 (1일 1식)	나구모 요시노리	2012년 1월	500,000부
15	마음을 투시하는 방법 (나는 네가 무슨 생각을 하는지 알고 있다)	토르스텐 하베너	2011년 8월	430,000부
16	신은 초등학교 5학년	스미레	2018년 3월	390,000부
17	'따르고 싶다'고 생각되는 리더가 되는 51가지 사고방식 (리더 혁명)	이와타 마츠오	2012년 10월	363,000부

부록 2

○

251

	도서명(한국어판 제목)	지은이	출간년월	판매량
18	병이 들지 않는 생활방식② 실천편 (병 안 걸리고 사는 법 2 실전편)	신야 히로미	2007년 1월	340,000부
19	인생이 두근거리는 정리의 마법 ② (정리의 기술)	곤도 마리에	2012년 10월	330,000부
20	천 엔짜리 지폐를 줍지 마라 (만 원짜리는 줍지 마라)	야스다 요시오	2006년 1월	296,000부
21	스탠퍼드식 최고의 수면 (스탠퍼드식 최고의 수면법)	니시노 세이지	2017년 3월	290,000부
22	영어는 절대, 공부하지 마라 (영어공부 절대로 하지 마라)	정찬용	2001년 1월	284,000부
23	물은 답을 알고 있다 (물은 답을 알고 있다)	에모토 마사루	2001년 11월	282,500부
24	보는 것만으로 멋대로 기억력이 좋아지는 연습	이케다 요시히로	2019년 6월	280,000부
25	성공한 사람은 어째서 신사에 가는가?	류헤이 야기	2016년 7월	275,000부
26	쾌유력	시노하라 요시토시	1996년 6월	262,000부
27	돈 잘 버는 사람은 어째서 장지갑을 쓰는가? (부자들은 왜 장지갑을 쓸까)	카메다 준이치로	2010년 12월	260,000부
28	이렇게, 사고는 현실이 된다 (E2 소원을 이루는 마력)	팸 그라우트	2014년 4월	257,000부
29	신과의 대화 (신과 나눈 교감)	닐 도날드 월쉬	1997년 9월	252,000부

밀리언의 법칙

○

	도서명(한국어판 제목)	지은이	출간년월	판매량
30	혈류가 전부 해결한다 (혈류가 젊음과 수명을 결정한다)	호리에 아키요시	2016년 3월	244,000부
31	시작하는 데 너무 늦는 일 같은 것은 없다!	나카지마 카오루	1999년 7월	239,000부
32	생명의 축제 누치누구스지 (생명 축제)	구바사 가즈히사	2004년 10월	239,000부
33	이 거짓말이 들키기 전에 (이 거짓말이 들통나기 전에)	가와구치 도시카즈	2017년 3월	235,000부
34	영업맨은 '부탁'을 하지 마라! (영업맨들이여 절대 부탁하지 마라)	가가타 아키라	2011년 2월	235,000부
35	CD 포함, 영어는 절대, 공부하지 마라!	정찬용	2001년 6월	231,000부
36	뇌에서 스트레스를 없애는 기술	아리타 히데어	2008년 12월	220,000부
37	Think Clearly	롤프 도벨리	2019년 4월	220,000부
38	꿈을 이루는 공부법	이코 마코토	2006년 4월	212,000부
39	스탠퍼드식 피곤해지지 않는 신체 (스탠퍼드식 최고의 피로회복법)	야마다 도모오	2018년 5월	210,000부
40	생명의 암호	무라카미 카즈오	1997년 7월	207,000부
41	돈 때문에 고민하지 마라!	리처드 칼슨	1999년 3월	200,000부
42	채용 전문 프로가 알려주는 잘하는 사람 잘하지 못하는 사람 (회사에 이익인 사람 회사에 손해인 사람)	야스다 요시오	2003년 2월	200,000부

부록 2

○

253

	도서명(한국어판 제목)	지은이	출간년월	판매량
43	반드시, 좋아진다!	혼다 켄	2005년 1월	200,000부
44	세계에서 제일 잘 늘어나는 스트레칭 (세상에서 가장 유연해지는 스트레칭)	나카노 제임스 슈이치	2016년 2월	200,000부

옮긴이_ 송소정

대학에서 역사를 전공하고 왓슨 와이어트 한국 지사에서 오랜 기간 근무했다. 이후 이화여자대학교 통번역대학원 한일번역학과를 졸업했으며 현재는 전문 번역가로 활동 중이다. 옮긴 책으로 《바쁜 것도 습관입니다》 《공부 머리는 5~9세에 결정된다》 《미래를 앞서가는 7가지 통찰》 《푸념도 습관이다》 《어쩌면 매일 행복을 가꾸고 있는지도 몰라》 《나는 당신이 오래오래 걸었으면 좋겠습니다》 등이 있다.

밀리언의 법칙

초판 1쇄 인쇄 2021년 3월 22일
초판 1쇄 발행 2021년 4월 2일

지은이 우에키 노부타카
옮긴이 송소정
펴낸이 신경렬

편집장 유승현 **책임편집** 김정주
마케팅 장현기 **홍보** 박수진
디자인 이승욱
경영기획 김정숙 · 김태희
제작 유수경

표지디자인 캠프

펴낸곳 (주)더난콘텐츠그룹
출판등록 2011년 6월 2일 제2011-000158호
주소 04043 서울시 마포구 양화로12길 16, 7층(서교동, 더난빌딩)
전화 (02)325-2525 **팩스** (02)325-9007
이메일 book@thenanbiz.com **홈페이지** www.thenanbiz.com

ISBN 978-89-8405-703-6 03320